明日への架け橋

田中健三 著

善本社

はじめに

「光陰矢の如し」「歳月人を待たず」との故事のように、平成二十年十月に「明日への誘い」を出版してから時はとどまることなく、早や三年の月日が流れ、私の周囲にも、私個人の上にも数多くのことが現れては過ぎて行きました。

人は誰しも漠然にしろ鮮明にしろ、明日という未来に向かって、今ある自分よりもより良い、より豊かな人生や納得を求めて歩いているのではないでしょうか。それが夢にもなり希望にもなり目的にもなって、今日を生きる力強い支えになっていくように思えるのであります。その夢や希望や目標を見いだせなかったり失ったりした時に、人は絶望や無気力や喪失に見舞われ、自分自身はもとより、自分とかかわる人達にも大きな影響を及ぼしていくのであります。それ故に、どうあっても夢や希望や目標を一人ひとりが見いだし、その実現に向かって歩き出さねばならないと思うのであります。ところが、夢や希望や目的を、いとも簡単に見つけ出せたり、決められたりしたならば、こんな幸せなことはないのですが、「夢や希望はありますか」「目標は何かお持ちですか」との問いかけに多くの人は「さあ、何かなあ」とその場で考える人の多いことか。

そこで、私は長い間、夢だけの夢は真の夢にあらず、真の夢や希望は今ある現実の中から見いだして行かねば本当の夢ではないと考えて来ましたが、そのような時に、この教えが明確に且つ鮮明に先へ向かう道、即ち、希望や目標を示唆し決めてくれる手掛かりになっているかに気付き、いかに勇気づけられて来たことか、今更のように感謝するのであります。そして、「成程、成程なあ」と、これまで知らなかった、分からなかったことを教え導いてくれていることにも喜びを感ずるのであります。

もとより私達が日々を暮らしていく中で、成程と思え、納得できるという状況や時が多くあればあるほど、人は心が満ち足りたり安らぎを覚えたりするのであります。また成程とか納得のあるところには不満や争いはなくなり、それは教えに基く「陽気ぐらし」に向かう大きな要因の一つになるのですが、もしもそのような状況になくても、成程や納得を教理から探し求め、一人ひとりが成程や納得ができる心を築いていくことが大切なことで、それをこの教えは私達に教えてくれているのであります。

私の中にも今まだ答えが見つからないで残されているものがあり、此の度はそれをこの教え（教理）を土台や柱にして一層明確にし、夢や希望や目標に向かっての「明日への架け橋」になればとの思いで出版に踏み切った次第であります。またそれが一人でも多くの方々にとっての明日への足掛かりになれば、私の願ってもない意とするところであります。

出版に際しては「明日への架け橋」の編集に携り、ご協力いただきました中山道治氏、とりわけ装丁や出版への細心のご配慮を賜りました善本社 手塚容子女史に深く感謝し、厚く御礼を申し上げます。

また、巻末の教語の説明と解説は「天理教事典」に依ります。

田中　健三

平成二十四年三月

目次

水と波動

月より見た地球
—暗黒の宇宙に青く輝く—

私達は日々の生活の中で水を使わない日はありません。まして真夏の猛暑の時など、何リットルの水を毎日飲むでしょうか。地球上には十四億立方キロメートルの水があると言われていますが、その97.5％が海水です。2.5％が淡水で、そのうちの70％が北極や南極の氷山です。あと30％が地下水で、私たちが日々飲んだり、農耕業に利用できる河川や湖沼の水は0.01％に過ぎません。地球全体から見たら僅かであります。しかし、神は不自由なきようにしてくれているのですが、2000年の世界の人口は60億でしたが、二十年後の2020年には80億になるだろうと言われています。すると今使っている水の数倍の水が必要になってくるということになり、水を大切にしなければなりません。日本は水が豊かな国なのですが、日本が水を輸入しているということすら知っている人は少ないのであります。水自体を輸入しているのではありませんが、穀物や果実や畜産物を輸入するということは、水を輸入しているのと同じことになるのであります。米や麦や大豆をはじめ、穀物や果実、畜産物は皆「水」のおかげで生成、育成されたもので、その時に必要とされ使われた水を「仮想水（バーチャルウォーター）」と言います。一トンの米ができるのに、五千五百トンの水を必要とすると言われています。私達はそういう水の守護を頂いており、人間の成人の70％は水であります。因みに受精卵は99％が水で、出産時には90％、成人になると70％、死ぬ時には50％以下になるとのことであります。私達が生きていく上で「水」

は絶対に欠かせない不可欠なものですが、溜まって淀むことは、水にとって死を意味し、水でさえ腐っていき、水は循環しなくては、水が本来もっている意味をなしません。私達の体の中には血液という水を主体とした液体が流れており、健康を害する人の多くは、体の水、即ち血液が滞ることが原因だと言われ、水は、エネルギーや免疫を運ぶ、伝播役をしているので、留まっていてはダメなのであります。ドロンドロン、トロトロでも体は生き生きして来ない。それでは、なぜ流れが滞るのか。それは心が滞るからだと最近では医学的にも解明されて来ております。心を滞らすことは血液をも滞らすことになるのではないでしょうか。

そこで水の性質、特性ですが、『みかぐらうた』五下り目三ツに

みづとかみとはおなじこと
こゝろのよごれをあらひきる

とあり、水の特性が分かれば、神というものも分かってきます。

一、水は方円の器に随うと言われ、四角の物にも丸い物にもどんな容器にも入り、容器に入ると常に水平を保ち、平等を保とうとし、教えでいう「ろっくの地（ろく地）」にするという意に通じるのであります。

二、水は単なる物質ではなく、大自然の生命力の現れであり、浄化作用、万物を生成育

成する神秘的な働きを持っているということで、水がない所には絶対生物は存在しないのであります。

三、水は物が持っている固有の周波数を敏感に感じとり、それをそのまま目に見える形に現す性質を持っていると言われ、水の結晶がそれであります。水に素晴らしい曲を聞かせると、素晴らしい水の結晶ができ、綺麗な言葉をかけると、綺麗な水の結晶ができると言われています。ありがとうという言葉は音波であり響きであり、言葉が持っている「波動」があり、その「波動」を水は敏感にキャッチすると言われております。人間も「ありがとう」と言われて傷つき悪く思う人はいません。ところが「ばか野郎、この野郎、死んじまえ」と言われたら、心はギザギザになります。これは言葉がもっている意味と波動だと思うのであります。私達は日々そんなことも知らずに我が都合や我が身勝手で暮らしていて、自己中心で不足・不満や怒りの言葉を発するということは、いい波動を出していないことになり、この点、水の特性を学ばねばならないと思うのであります。

「人間の肉体とは水です。意識は魂のことです。水を綺麗にしてあげることが、何ものにもまさる健康法なのです。それには魂が澄んでいる状態にしておくことです。あなたの体の全てを美しい水の結晶で埋めてみてはどうでしょうか。すべてはあなたの心にかかってます」と、水と波動の研究者の江本勝氏は言っております。「波動水」という水があり、いい波動をうけた水を凍らせたら、波動が水に伝わって素晴らしい綺麗な水の結晶を作ると言われています。しかし、どんなにいい波動水を飲んでも、心がそれに伴わねば、波動はすぐに壊れ消されて、意味が無いと思うのであります。
四、水が凍る時、水の分子は均整のとれた六角形の結晶を作り、六角形が現れるのは、その水が大自然の生命現象に合致している時で、反対に、自然とは違う情報が入ると、綺麗な六角形が形成されないと言われております。大都会の水は、消毒のために塩素を入れるので、ロンドンでもニューヨークでも東京でも、大都会の水道水は綺麗な結晶は作らない。自然の生命力が形に現れたものが「六角形」で、ヘキサゴンと言い、私達の信仰の中心である「かんろ台」も六角で、ではなぜ六角なのか、私はこれに行き着いた時、教祖とこの教えに驚きと感動を禁じえませんでした。

そふぢしたところをあるきたちとまり
そのところよりかんろふだいを　（八―83）
このだいをすこしほりこみさしハたし
三尺にして六かくにせよ　（九―47）
これさいかしいかりすへてをいたなら
なにもこわみもあふなきもない　（九―49）

六角というのは生命現象を表した形で、かんろだいからは、その大自然の生命現象の波動が発していて、素晴らしい生命力の波動が出ているが故に守護があるのではないでしょうか。その「かんろだいを囲んでつとめをせよ」と。

にち〱にはやくつとめをせきこめよ
いかなるなんもみなのがれるで　（十―19）
とのよふなむつかしくなるやまいでも
つとめ一ぢよてみなたすかるで　（十―20）
つとめでもどふゆうつとめするならば
かんろふだいのつとめいちゞよ　（十―21）

かんろだいから出ている素晴らしい波動のご守護を頂き、国々所々の教会で同じつとめをさせて頂く。恐ろしいことに逆も言え、中東でイラク戦争がありました。その時の波動は地球の反対側にも伝わったと言われ、証明されたとも言われています。私達は常にいい波動を受けなければならないし、水の結晶から波動ということが如何に大切なものかと悟るところであります。

波動は視点、観点を変えると「オーラ」とも「気」とも言えます。それが今になって分かるのですが、初代会長田中豊次郎は「気を出せ」と常に訓育してくれていたのであ

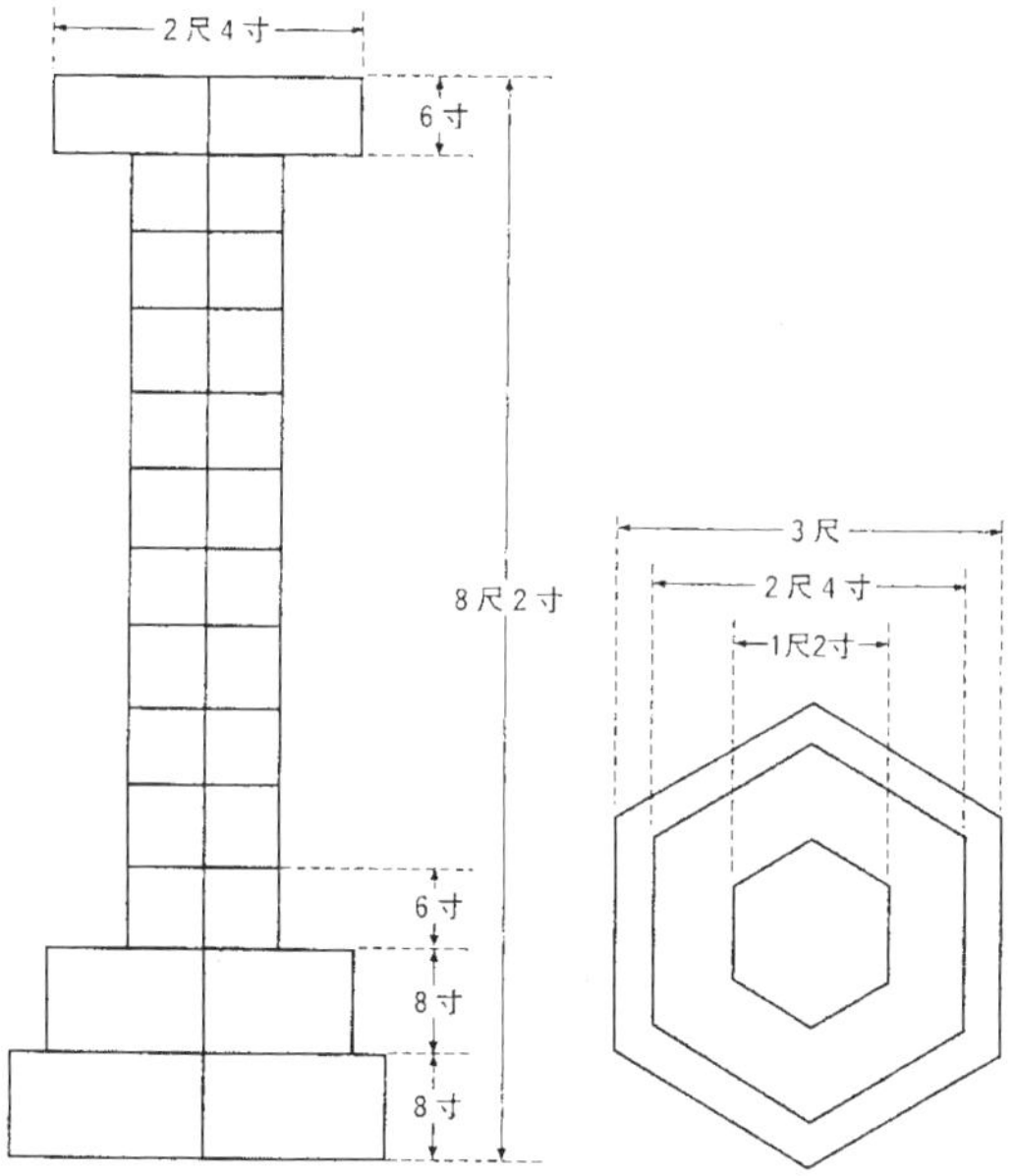

かんろだいの形と大きさ
（1尺＝約 30.3cm。 1寸＝約 3.03cm）

「ようぼくハンドブック」より

ります。たすける波動を出せ、たすかる波動を受ける器を作れ、ということであります。これが大切な事で、問題は心であります。かんろ台、親神、教祖から発する波動を受け止められない心が問題なのであります。

月日よりゆうたる事をけすならば
すぐにしりぞくしよちしていよ　（十三―14）

と波動が止まるのではなく、受ける器が無いから守護が無いに等しいということになるのであります。テレビやカーナビやオーディオでいえば、アンテナがないということで、アンテナが無いと映像は映らないし、音声も聞こえない。いい映像やいい音を出す電波があっても、受け止められないからであります。電波は目に見えません。親神や教祖から出ている波動を受けとめる器を持っていないとご守護は頂けず、その器が心なのだと思うのであります。

人間がつくり出す不自然な不純物、欲や高慢のような不純な心の波動を水に与えると、綺麗な結晶を作らない。反対に、素晴らしい波動を届けると素晴らしい結晶を作ると言われ、人間の心がつくり出す「陽気ぐらし」から外れた不自然な言葉、感情、心がいい波動にならない元になるのではないでしょうか。言葉だと「ばかやろう、殺すぞ」等のような罵る言葉、傷つける言葉。感情だと「怒り、腹立ち、嘆き、不足、不満」や「欲、高慢」などの心が自然の調和を乱す争いのエネルギーや悪いエネルギーを生み出し、悪い悪い波動となっていくのではないでしょうか。

五、水はまた、他の物質を溶かし、運ぶ性質があり、水なくしては物質同士は混じり合うこともなく、循環することもできないのであります。

『みかぐらうた』の五下り目に、

三ツ　みづとかみとはおなじこと

こゝろのよごれをあらひきる

また、十下り目には、

三ツ　みづのなかなるこのどろう

はやくいだしてもらひたい

四ツ　よくにきりないどろみづや

こゝろすみきれごくらくや

と、私達の埃心を泥にたとえ、この泥は人間が生み出す自然の生命現象に反する心からで、陽気ぐらしを妨げる不純物なのであります。これを「はやくいだしてもらひたい」「よくにきりないどろみづや　こゝろすみきれごくらくや」とお教えくださるところであります。

先程から「波動」について少々触れてきましたが、私達は知らない間に日々波動を出しており、波動を出していない人はいないのであります。どろどろの波動を出している人、暗い波動を出している人、綺麗な明るい波動を出している人、いろいろと千差万別ですが、自分の波動はどんな波動かを一度反省する必要があるのではないでしょうか。

日々「ありがとう、嬉しいよ、楽しいわ、結構だね」という言葉を掛け合うことが素晴らしい波動を生み、それが「互いたてあいたすけ合い」にもなり、この教えを聞いていて、そういうことも怠っているようでは教えをただ聞いているだけで消化していないことになるのであります。「波動」は私達の目には見えませんが、しかし万物が波動を持っているということ、波動とも言える「目には見えない世界の中でのエネルギー体」であるオーラの出ている人、出ていない人と多種多様ですが、私達も波動というものを持っているので、いい波動を出して、親神や教祖から出ている生命力の波動と共鳴させ、私達一人ひとりが素晴らしい波動を出して他に移していくことが大切なことであります。私達の初代はこの「波動」を「気」とも言い、何事に於ても「気を出せ」と訓育してくれているのであります。

波動と病と健康と

夏の高校野球やサッカー、テニス、バレーボール、ゴルフ等のスポーツがテレビで放映されますが、選手たちが、自分で自分を駆り立て、自分を燃やしていく姿には感動させられます。もうダメだと思ったら絶対勝てないし、何としてでも勝つのだという心の強さが、勝敗は別としていい結果に繋がっていくと思うのであります。

そこで「波動」についてですが、

いまゝでハがくもんなぞとゆうたとて
みゑてない事さらにしろまい　（四―88）
このさきハみへてない事だん〳〵と
よろづの事をみなといてをく　（四―89）

私達人間というものは、どうしても目に見えることにとらわれ、それも目先の事だけを取り沙汰しがちですが、親神の思召し下さることは、目に見えない大きな深い親の思いや、親の懐でゆったりと暮らすことをお教え下さっております。しかし、私達の心は、損得や都合ばかりを考えて、自分自身を痛めているということ、そして自分自身が傷つ

アトム（ATOMH）

「波動の法則」（足立育郎著より）

自然の法則に適って調和のとれた中性子、陽子、電子を組み合わせた原子（ATOMH）の図形、これは自然界の全ての存在物の調和をとる振動波を受発振しています。

き弱まれば、周りにもそれだけ心配や迷惑をかけることに気付き、一人ひとりがそうならぬように教えを自分のものにして行かなければならないと思うのであります。

水に、素晴らしい音楽やいい言葉、例えばありがたいとかうれしい等々をかけると、綺麗な水の結晶が出来るそうですが、それは言葉や音楽がもっている「波動」で、水にいい波動を与えると六角の綺麗な結晶が出来、「波動」が問題になっているということではないでしょうか。私達も一人ひとり皆波動を持っていて、それは目には見えない世界の大自然のエネルギー体ということであります。

私達はしばしば、あの人にはオーラがあるとかないとか言いますが、「オーラ」とは「私達の生命に深く関っているユニバーサル（宇宙）エネルギーの具現化したものであり、特有のエネルギーを放射し、一般的にはオーラと呼ばれ、オーラはユニバーサル・エネルギーが物質と結びついている部分で、人間のオーラは、そのエネルギーが人間の肉体に結合している部分である。」（バーバラ・ブレナン）と。

例えば、宗教絵画によく見る、聖者の頭や体の上部に集まるエネルギーを黄金の色に描写したり、仏像でも同じように、背後に光の輪が彫刻されていますが、光輪とも光背とも後光とも言われ、強いオーラを表現しています。中国ではこの宇宙エネルギーを全生命の源とし、私達には「気」として知られており、全ての物事はこの宇宙エネルギーから成り立っていると。

オーラも一種の波動で、波動にもいい波動も悪い波動もあり、私達人間は自らも波動を発し、かつ大自然や人工のいろいろな物質、電磁波（電波、光、X線等々）等の発する波動のエレクトロ・スモッグの中で生活しており、そういう生活環境から受けるさまざまな波動が私達の脳や臓器の持つ波動と共鳴、同調するか否かによって、私達の心身が良くも悪くもなると言われております。

最近は特に身近な問題になっている携帯電話やパソコン、電気製品等の悪い電磁波による影響も否定できないし、そのような電磁波を浴び、体内抵抗を起こし、抵抗力のない体はそのバランスを崩し、体の不調や病気になったり、難病や奇病を生み出しているとも言われております。例えば、高圧線の近くにすんでいる子供は、そうでない子より、白血病の発症率が二倍も高くなるとか、電磁波に長くあたっているとホルモンの一つで癌抑制作用をするメラトニンの働きが悪くなるとか、不眠症や神経障害、無気力等の症状は電磁場との深い関係があるとも言われています。それ故に、私達に悪影響を与える波動を良い波動エネルギーに変え、良い波動を高め、免疫力を上げ、悪い波動に負けないようにする波動調整が必要であると。

波動には周波数とか波長・波形・振幅といったものがあることがわかっており、テレビやラジオ、携帯電話、カーナビ等も波動の性質を利用して開発されているのです。例えば、私達の目や耳や体で直接感じたり見たりすることはできませんが、東京タワーからは、各テレビ局のそれぞれのある周波数、波長、波形、振幅をもった電波（振動波）が発信されていて、私達は各家庭にあるテレビの電源を入れ、スイッチをオンにし、見たい局のチャンネルに合わせると、見たい局の電波と同調して、音や画像が見られるのです。テレビはスイッチ・オンにすると同じ周波数、波長、波形、振幅の微量の電波を発信することによって、東京タワーから発信されている強力な電波と同調して受信する仕組みであります。全て波動の性質を利用して人間が開発したものでありますが、いずれにしても、電源を入れ、周波数を合わせなければ、映像や音は出ないのであります。私達人間も同じで、親神から出ている救けの波動を、しっかりスイッチを入れてチャンネルを合わせなければ、ご守護は頂けないということではないでしょうか。スイッチは入っているか、周波数は合っているかを確かめることが大切であります。私達は常に迷ったりしながら、色々な事を判断し、決断をして暮らしていますが、これは私達の「心」なので、その心が都合のいいように判断したり決断したりしているのですが、これが問題であります。自分を安全に確保しておこう、損はしないようにとか、自分にはいろんな嫌な影響がないようにしようなどと、自分の身を守ることばかりを考えているのです。自分の都合や利害とか損得ばかりを考えているうちは、いい直感や「なるほど」というい周波数をもったものが入って来ない。「ふと浮かぶは神心、後を濁すは人心」とも言われ、直感でふと思うことで悪いことはありません。悪い事をする時は、必ずいろんな事を考え巡らし、下見までするように。私達が自分のこと以外で、また人が救われることを考えるのはいいのですが、自分に係わりのある利害で、あれこれ考えることで良い事などはあまりありません。成程と直感し、ふと思うことを大切にし、それをすぐに実行することが、これがいい周波数に変える元であるとも言われています。本当のたすかり守護はそういう中から出て来るということ、これがいい波動の発振になるのです。親神や教祖の守護の波動を頂きたいと思うなら、「なるほど」という思いを大切にして、一週間も一ヶ月もあれこれ考えるのではなく、すぐ実行するということであります。

人間には感情の起伏があり、性格と同じように個人くが違った波動を持っていると言われています。しかも感情の変化に伴って波動は変化するという事実も分かって来ております。現代の医療科学は微弱なエネルギーである波動を測定するMRA（共鳴磁場分析器）というものを開発し、人体の波動も測定できるそうです。MRAの測定によって、人が悲しんだり怒ったり不安に思ったり寂しく思ったり、そういうマイナスの感情を持っていると、マイナスの感情波動が身体に蓄積され、それが病気を引き起こしているのではなかろうか、とも言われています。ネガティブな、マイナス思考のマイナス波動の蓄積が、身体の正常な細胞を歪めて行くからではないでしょうか。人が病気になる要因は幾つかありますが、その中で最近は精神的な要因から病になる割合は増加する一方で、自殺する人を考えてみればわかりますが、身体は死のうなどとするどころか、生きよう、生きようとしています。しかし、心が死のうとはたらきかけるから自殺を誘発するのであり、心のはたらきが優先しているのであります。皆、自分自身の心が出している「波動」であります。怒りや恨みの波動はどうしたら消せるだろうか。これは、この教えで教えてくれている「許す」とか「感謝する」という波動でしか消せません。恨みや怒りの心を持っていて幸せになることはありませんから。「許す」ということがなかったならば、絶対にその波動の元はなくならないのであります。不安の波動は、「勇気」という波動で消して行くことであり、そういう波動を出す心を訓練と努力で作っていき、実行、実践していくことであります。

　私達はいろいろなことでストレスを感じて生活しています。何で補って行くかと言えば、いかに平常心を保つかということに努力をすることであります。神の素晴らしい波動を頂くためには、私達が努力しなければならないことが多々あるのであります。第一に「おつとめ」をすること、祈ること。祈りの波動は一瞬にして周囲に伝わる思念エネルギーがあると。感謝すること、慎みを持つこと、優しさを作り上げていくことですが、それには、それなりの努力が要るのであります。『おふでさき』にも

にんけんにやまいとゆうてないけれど
このよはじまりしりたものなし　（九―10）
このもとをくハしくしりた事ならバ
やまいのをこる事わないのに　（三―93）
なにゝてもやまいとゆうてさらになし
心ちがいのみちがあるから　（三―95）

とあります。要するに、私たちの心が挨心でマイナス波動を出すから、外のマイナス波動と同調し、細胞が正常な働きをしなくなり、生気を失い、精気・活気がなくなり、病に陥る。

神の世界は理詰で、全ての物質の元になっているものが原子核で、その中に中性子と陽子があって、そのまわりを電子が正常に回転している（量子力学）のですが、私達には分からないだけです。皆親神が作って下さった私達の身体、宇宙で、私達は神の懐住まいであります。ところがこの中性子とか陽子とか電子の回転が狂って来る。崩れた回転になる。例えば、私達は毎日色々な菌（微生物）を吸い込んで生活しています。ところが、

この身体の中でこの崩れた回転をしている菌を私達はウイルスとかバクテリアとか言っているのであると言う学説があります。本当はウイルスだとかバクテリアというものは無いのだと。その微生物の異常な電子回転を正常な回転に直してやれば、ウイルスでもなければバクテリアでもないと。心に正常な波動を出さない何かがあり、それを修復しなければ、いくら薬を使っても一過性であり、癌細胞とても、それを取り除いてもまた出て来る。本質を直さないかぎり再発するということを心しなければならないと思うのであります。「地球環境も汚染されています。空気も水もありとあらゆるものが汚れています。こういう文明社会の発達が人間や生物の波動を歪めて難病や奇病を生み出しているのです」と。こんなに医学が発達し、文明が発達したのだから、病気などは昔の半分以下に減ったらいいのに、何故こんなに新種の病気が次から次へと出て来るのでしょうか。答えは、あらゆるものに汚染されているということ、その上それをコントロールする私達の心もまた汚れているからです。親神から授けて頂いたこの素晴らしい身体を生き生きと使わせて頂く方向に心を向けて行くことが大事なことではないでしょうか。

動きたくない、楽をしたい、得をしたい、うまい物は食べたいと、そういうような我が身に取り付かれた心からは、いい波動は生まれるわけはないと。

「損得や都合で、なるほど、そうだなというようないい直感が働くということは基本的にはありません。正しいものを得るには、常にできる限り自分自身が全てに対して謙虚であるということ。つまり自我の振動が限りなく少なくなるように心がけることが肝要であります。自我の振動波が出始めると、周波数は急激に下がり、低い波動と同調して不正確になって行きます。」（足立育朗）と。自分というものを小さくし、人を救けることを、人のことを思うことを先行させ、損得利害や我が都合を少なくすることが神の波動・はたらきを頂くもとであると悟るところであります。

健康になろう、長生きしたいと願う心だけではなく、天の理法にかなった調和のとれた心に変える努力をし、天理を素直に受け止め、それを実行すれば、いやが上にも周波数、即ち、自らが発振する波動は変わり、全てが良くなって行くと。全て身のまわりに現れてくることは自分の発振した波動と同調して起きて来るのであり、いい事も悪い事も自分に責任があるのであります。

このさきわどのよなみちがあるとても
人をうらみなハがみうらみや　（十三―108）

自分が無意識に出している振動波、波動はそれと同じ波動と同調して、その結果を引き起こしているので、自分は勿論、自分の周りで起きていることで、相手が悪いと決められるものは一つもないのであると。波動ですから、全ては自分が発振した結果で、それが同調して現象として起きているのだから、それを体験し、そこから何かを学ぶ必要があるから現れてきているのだと。

要するに調和のとれた振動波を出していれば、体にも周囲にも調和のとれた事しか起ってこないし、自分に厳しいことが起るのは、自分に修正を必要とするものがある事を、それを気付かせる為に、神がメッセージとして与えてくれているのだと「メッセージありがとうございます」と感謝をする心に変えることによって、波動が変わって行くのだと。

健康で安定している人の体は、中性子、陽子、電子の歪んだ回転の割合（パーセンテージ）が平均よりずっと少なく、調和度が高いそうであります。健康で長生きしようなどと思うのではなく、自己を極小にし、周囲や人を救けることの思いを強くし、調和のとれた生き方をしていけば、その結果がいやがうえにも健康で長生きをするのであると。

「有り難い」とは

信仰していても、その中で色々と嫌なこと、複雑な事情に直面することも多く、また、けっこう病んでいる方もいるのではないかと拝察します。これは一体どういうことなのか。神は親で、一列は神の子供やと、神からは子供に難儀させたい、不自由させたい、困らせたいと思うことは更に無しと言われています。

《神の心に隔ては更に無し。それ隔てられる隔てられん、隔てんならんの一つは前生種により、一つは我が心にもよる。さあ世界を見よ。不自由もあり難儀もあり、痛み悩みもいろ〳〵ある。これから思やんして、何事もたんのうが第一。》

（補遺M20・12・1）

と。前生についてはどんな知者、賢者でも知ることはできず、前生のことは自分の身の上に現れてくることから悟りとることが大切で、それ故に前生と悟りは切り離すことはできないと思うのであります。そして、前生のことを私達はいんねんと捉えさせて頂いているのであります。

《人間というものは、身の内かしもの。（中略）身の内から成りて来れば、どうも仕様あ

るまい。神は隔て無い。それめん〳〵心から沸かす故、隔てられんやならんようになる。》
(補遺M23頃)

《人間というものは、身の内かりもの八つのほこり、この理を分かりさいすれば、何も彼も分かる。そこで、たんのうという理を諭してやれ。》
(補遺M21・7・4)

先頃は心を病んでいる人も多く、心の病も病の一つですが、しかし、心の病はなかなかご守護を頂く手立てがなく、本人が自分を変えるか、一番その影響を受けている人が代わって祈り、救かる実行をしないと守護はありません。前生のいんねんもあり、また、今生の自分で蒔いた種もあり、双方だと思いますが、

《身上悩むやない。心という理が悩む。身上悩ますは神でない。皆心で悩む。》
(M34・1・27)

《皆々心が困る〳〵。皆理で心困る。心病んで果たする、身を病んで果たする。》
(補遺M40・4・11)

《皆銘々心より、胸三寸より千筋道があるのやで。皆胸三寸より道が出来るのやで。》
(M36頃)

と、私達の心でいい道も不自由な道も作っているので、誰彼が悪いのではなく、一名一人それぞれの心から、心を病み身を病んでいくということを幾つかのおさしづで示唆して

下さっております。

私達は苦しみたくなく、嫌なことは避けて通りたい、皆、より善き素晴らしい人生を送りたいと思うのですが、しかしなかなか願い通りには行かず、色々あるのが人生です。難がないのは無難な人生ですが、そんな人生はなかなかありません。しかし、「ありがたい」を考えてみると、「有り難い」とは難があることで、つまり、難がある人生は有り難い人生ということになりますが、ありがたい人生とはこの「難」をどうあっても解決しなければ、さもないと本当の意味での「ありがたい」ということにはならなくなります。

では「難」とは何か。それは、難しいこと、困難ということ。また、災いということであります。

一般的には「ありがたい」とは「滅多に無いいいこと」が目の前に現れて来た時に「ありがたい」と言い、或いは、心から良かったと思うことを、これを「ありがたい」と言い、好都合に事が運ばれ、嬉しいことが現れてくることなのですが、そこには「難しいこと」があり、その「難しいこと」を解決し、克服した時に「ありがたい」ということが言えるのだと。身に降りかかって来る「難」はどうあってもこの「難」をご守護頂かねば、ありがたいということにはならず、「難」があることは、ご守護を頂き解決した暁にはありがたいことになるのだと悟り、色々な嫌な事、自分の思い通りに行かないこと、辛いことが出て来ることは「ありがたい」ことなのだと心を入れ替えて努力することが大切なことなのだというのが言わんとするところであります。大変な事を解決した時に、本当の意味での「ありがたい」ということが身に染みて分かるということでもあり、またそれは、困難な事、嫌な事にも勇気を持って立ち向かい、解決させてもらえることでもあります。

「難」を何とか解決させてもらう。神は私達の現在や未来を思う親心からいろ〳〵と教えてはくれていますが、私達はその通りにやらない。せっかくこれだけ素晴らしい教えを教えて頂いており、先代からも色々と手解かれている以上、しっかりそれを捉えて、実行しご守護を頂かねばならないと思うのであります。

まず、「たんのうせよ」と、身上（病気）や事情を含めて「難」にぶつかったら「たんのうせよ」とお教え下さっており、この道の一番究極の行き着く所は「たんのう」であり、これが出来なくてはご守護はなかなか頂けないのではないでしょうか。どんな事が降りかかって来ても、どんな事が起きて来ても、「たんのう」という心をしっかり培って行かないとご守護は頂けないと言っても過言ではないと悟るのであります。

どんなに素晴らしい親や先人が手引いてくれたにしても、最後は私達一人ひとりが実行しない限り、自分のものにはならないのであります。須らくは親神の見計らいによって事は成って来ていると悟り、自分の都合に合うことは感謝し、自分の都合に合わないことでも「親神の見計らい」と「難」を受け止め、自分の都合に合わなかったら「たんのう」して通ることが大切なのではないかと思うのであります。

なぜ「たんのう」が大切か。それは「たんのうは誠」と教えて下さっているからであります。親神が一番望まれるのが「誠、真実」で、たんのうは誠に通じるから「たんのう」をしてくれとお諭し下さるのです。

私達は前生のことは分からず、誰もどういう道を通って来たか分かりません。そこで、自分の目の前に現れて来たいろいろな事を通して、そこから自分の前生というものを悟って行くのだと。これがいんねんの自覚にも繋がり、自分はちっとも悪い事をしていないのに、私は何もこんなにされるような覚えはない、こんな不都合な事に出会ういわれはないと思うのですが、それは神の目から見たら小さな事で、神は大きな視点から私達を見て、成って来る事、成って来た事から悟れとおっしゃる。

要するに、私達は分かっていないことが多すぎるので、分かっているようなつもりでいますが、分かっていない事がたくさんある。それ故に、まず、しっかり分からねばなりません。その一つ「たんのう」とは、誠真実から生まれるので、この「誠、真実」を忘れず、欠かさないように、ご守護頂きたい、何とか事が好転するように、本当の意味での「ありがたい」を感じさせて頂き、享受させて頂けるように、どうあっても「たんのう」をして通らなければならないと。そしてこの「難」を解決していくことが大切な事になり、すると本当の「ありがたい、結構」が分かり、「難」があるということは目標があるということにもなり、それを解決しようという勇気も生まれて来ます。この「難」を何とか乗り越えようという力強さも生まれて来るので、「難」はありがたいのだと。誰しも難がない人はいないと思います。大小、質の違いはあっても、事情でも病でも、「難」を乗り越えることに向かって努力をすることであります。親神の望まれる「たんのう」の心とは誠の心にも通じ、この誠の心とは、一つずつ見て行くと、

①真実、誠は道の道。とも言われ、

②誠の入れ物を拵えよ。とも仰っています。

③「堪忍というは誠。誠一つの理。天の理と諭しおく。」簡単に許せることは楽ですが、許せないことでも許す。それが誠に通じるのであります。

④内々睦まじいは誠。睦まじくなかったら誠のご守護は頂けず、睦まじくするには、双方が自分の思っている事ばかりを言っていたのでは必ずぶつかりますから、お互いが譲り合わないと治まらない。唯睦まじいと簡単に言いますが、仲良くできる時はきっとお互いが譲り合っている時でしょう。人間は朝の心と夕べの心が違い、朝機嫌が良かった

のに夜は機嫌が悪い。どんな時でも、良きように解釈して「ありがとう」と言えたらば、これはご守護に通じます。これを称して「内々睦まじいは誠。誠は天の理である。誠は弱いものである。弱いようで強いもの。強いというは誠は天の理であるから。」と。

⑤仲良くはこれ誠。夫婦・親子・兄弟。「仲良くは誠。誠無ければ治まらん」。仲が悪いというのは、当事者は勿論のこと、傍らで見ていても嫌なことで、そういう所には居合わせたくない。それくらい周りを不快にしてしまいます。「仲良きことは美しきかな」であります。

⑥育ては誠。育てること。我が子を育てる、人を育てる、自分自身をも育てて行く、これは真実誠なのです。人を育てることは人救けにも通じ、「人を育てるは誠。育てば育つ。育ては誠。誠は修理。修理は肥し。これよう聞いておけ。」とおさしづ下さっており、育てることは誠に繋がり、ご守護はいやが上にも頂けるのです。

⑦成程と言わすが誠。それにはこちらがしっかりと成程と言わすものを持っていなければなりません。毎日諍いばかりを繰り返している者が、仲良くは誠といくら言っても聞く耳を持ってはもらえません。自分がなるほどの人で通らなければならないということで、「なるほど」という所には安堵が、落ち着きや安らぎがあり、そして「なるほど」という所からは諍いは生まれては来ません。

⑧人を救けるは誠。誠を幾つか申し上げましたが、最後はこの人を救ける誠を持ち続けて行くことが大切な事であります。私達の目標に「信仰の喜びを伝えよう」とありますが、私達は最初から喜ぶことなどは出来ません。最初から信仰して嬉しい、結構だなどという人も少ないと思います。そこで「感謝・慎み・たすけあい」という標語があるように、感謝が最初であります。感謝ができない人には喜びは生まれず、感謝もしないでいて何で喜びが生まれるでしょうか。喜びだけが独り歩きをして来ることは絶対になく、まず色々なことに感謝をすることです。色んなことがあってもありがたいね、結構だよねと、そういう感謝の念を連続して積み重ねて行くところに、喜びが生まれて来るのですから、感謝できることを探すことであります。ああ、今日も元気だ。今日も食事が出来る。今日も見える、今日も歩ける、今日も物が聞こえる、今日も物が掴める、今日も話そうと思えば話せる。何事も当り前などと思っていたら感謝は生まれません。まず感謝からで、まず感謝し、感謝、感謝、感謝で日々を通ること、それはいつの日かその人からは喜びの波動が出て来ると思うので、より一層の成長をさせて頂きたいと、「難」があっても、どんな事でも、ありがたいと喜びが味わえる元と捉え、力強く進ませて頂きたいと思う次第であります。

#「成程」「成程の人」とは

日頃よく使われる言葉の中での「成程」ということ、それに付随して「成程の人」ということについてですが、辞典で調べてみますと「成程」とは、他の主張や説や話を聞いて、確かにそうだと同意すること、納得すること、とあります。簡単に申し上げると、本当に「そう思う」ことだと言えるでしょう。では「納得」とはと言えば、他人の言行を理解し、尤もだと認めること、とあります。神は人に納得を取り付けられる人でないと、成程の人とは言わないと言われるのであります。

《人々（にんにん）に諭すには、内に台というもの拵え。睦まじいとの、内々に睦まじいという台を拵えて、それより世界伝え。何処から見ても成程と言う。世界から成程と言うは天の理や。心に誠一つあれば、これが往還道や》（補遺　M20・10）

仲が良いという、睦まじいというものが家々になかったならば、世間には成程と納得してもらうことは難しいということをお教えくださっているのです。家族の中が険悪で不和でその中で生活している者が、いくらいいことを言っても周りは成程とは言ってくれないということで、非常に理詰めであります。例えば、そういう人が「あなたしっかりやりなさいよ、あなた頑張りなさいよ」と言ったとしても、「何を言っているのよ、あなたの内こそ、しっかり頑張りなさいよ」ということになるのではないでしょうか。神は人間の心や状況を見通して、こういうところを適切にお教えくださっています。親神は、自分で成程という答えを出すのではなく、世界から、要するに、世間から見て成程と思われるような、家なり人となりでないと意味がないということを言われており、自分だけが納得して「成程」ということではなく、どこから見ても成程と言う成程が真の成程で、独りよがりではなく、他人なり世間・社会なりが成程という成程でなければ本当の成程ではないのだと、お教えくださっているのです。そしてまた、

《所々一つの理を治め。（中略）たゞたすけ一条の心治め、人を救けるは誠。睦まじが第一。成程あの者心は天の理に適う、成程と言わすが誠。誠が天の理い》

（補遺　M21・2・5）

と、人々に成程と思われるということ、成程という返事が頂けるということ、そしてまた、これが天の理に適う誠であり、反対に、成程ということを取り付けられないということは、天の理に沿ってない、適ってないということにもなると思うのであります。「成程な、く」と常に相手からそういう答えを頂ける人は、天の理に適っていると思います。そしてまた、

《真実誠の心、一粒万倍の善き理を渡す。悪しきは神は利を付けはせんで。めんくの心に理を回る。（中略）めんく人を救ける心なら、内々睦ましいという心定めば、成程の内や成程の人やという理を出ける。救けたいの理を拵え》（補遺M21）

要するに、誠には一粒万倍のよき理、利息をつけるが、しかし、悪しきには神は利息はつけない、とお諭しくだされるのですから、睦まじいということ、これがどれほど大切なことかということであります。睦まじいということが、なぜそのように大切なのかというと、自分勝手なことをしていたのでは、睦まじいということは生まれてはこないからだと悟るのであります。夫婦・親子・兄弟の間でも、自分勝手なことをしていたら、絶対に睦まじいということは生まれてはきません。睦まじいということの大切なことは、教えの究極であるいわゆる「たんのう」の心が必要だということです。それも日々の中でのたんのうで、大それたことではありません。ちょっと自分を引くということ、ちょっと自分を抑えるということです。これがなかなか難しいのですが、これがないと睦まじいということは生まれません。自分の思いばかりを優先していたのでは、衝突が起こり、そうすれば睦まじいということは影をひそめます。親神は睦まじくしなさい、睦まじいということが誠なのだ、睦まじいということが成程なのだとお説きくださるのであります。そして、人をたすけたいという心があれば、もう、なんでもたいがいのことは治まります。故に、人をたすけてくれと神はおっしゃるのです。

《世上から見ては、あれでこそ成程の人や、成程の者やなあという心を持って、神一条の道を運ぶなら、何彼（なにか）の処鮮やかと守護しよう》（M23・5・6）

と、親神は護ってやろう、守護を確約するとお諭しくださり、《世上から見て》ですから、外から見てということで、自分勝手ではなく、それはまた自分一人での成程・納得ではないということで、このような人は、煩わしい身上（病）や事情から護っていただけるし、これが親神の守護が頂けるもとだと思うのであります。また、

《あちらから見てもこちらから見ても成程、という理より治まる理は無い。成程の理聞き分け。（略）》（M31・6・2）

自分だけ一人勝手に治まっていても、周りがそう思っていなかったら、成程の理ではないのですから、治まらないのです。周りが成程な、成程なあと、そういうことよりほんとに治まる理はないと、お教えくださるのです。『おさしづ』は噛み締めれば噛み締めるほど味わい深く、真実であり、そして、間違いないということを、それこそ納得させていただけるのであります。「成程」ということ一つにしても、日々の中でひとつひとつ納得をつけさせていただく、成程を重ねて行くことが大切なことではないだろうかと思うのであります。

何故ならば、「元の理」で教え明かしてくだされている中で、親神が人間を創造する時に、うをやみ（しやち・かめ・うなぎ・かれい・くろぐつな・ふぐ）等を呼び寄せて、その性（しょう）を見定め、心味（こころあじ）わいを試して、年限の到来と共に、神として拝をさせると約束し、納得・承知をさせて貰い受けられ、人間のそれぞれの道具に仕立てられ創造された人間であることから、人間は納得の動物であり、納得を求めてやまぬ本性を備えているのであります。成程・納得が得られなければ、気の根源である精気や元気・やる気、また、生命としてのエネルギーも生まれては来ない、そのことが「元の理」に如実に示されているのであります。

そこで、私達この道を教祖からお教えいただいて、人に成程と言われるような人になるように、それは自分自身はもとより、外から、周りから成程なあと言うことを取り付けられるような人となりにならないと親神は守護はしてくださらないのではないだろうかと悟る次第であります。《世上から見て、あれでこそ成程の人や》世上から見てで、自分から見てでもなく、利害のある人から見ての成程でもありません。そして《成程と言わすが誠》とご教示くださっていますから、私達が神様のお話をさせてもらって、成程そうですねと言う答えを取り付けていただけたなら、たすけ一条の道を立派に果たしていると思うのです。たすけ一条の道というのは、そんなに難しいことではなく、日々そういう思いで、そういう真実で通れば、誰にでもできる、そして、どこででもできるはずではないだろうかと思うのであります。教祖の万分の一のかけらでも、掴ませていただきたいものと祈りつつ。

癖・性分を取りなされや

―癖・性分について―

私達の教祖は「癖・性分をとりなされや」とお諭しくださり、癖のない人はいないのですが、その癖がいい癖ならばいいのですが、悪い癖を取るとなると如何に大変なものか、であります。

癖という字は「やまいだれ」の中に「辟」と言う字を入れるので、悪い「癖」は病ではないかと思うのであります。くせともへきとも読み、癖もいろいろあって、例えば、不潔や不正を極度に嫌うような癖は、書いて字の如く潔癖という癖であります。お酒を飲むとすぐボロボロと泣く人がいますが、泣き癖と言います。無くて七癖と言われる如く、誰もが持っているのが癖であります。

良い癖は問題ではありませんが、悪癖というものが私達を如何に陽気ぐらしから遠ざけるか、そして、人生を狂わせたすかるものも救からなくするので、教祖は「癖・性分をとりなされや」とお諭しくださっているのではないでしょうか。癖とは、日々の暮らしの中で気がつかない、無意識に行うちょっとした言動、或いは考え方の傾向であります。

物を見たり聞いたりして、すぐに不足の方向に取る傾向、これは悪い癖なのであります。

《心一つというは優しい心もあれば、恐ろしい心もある。知らずくの心もある。どんな事見せても、人の事のように思うてはその日限り、あれはあれだけと思えば、それまでのもの》（M25・1・13）

と『おさしづ』くださっていますが、「知らずくの心もある」、これが癖なのでありま す。知らず知らずのうちにマイナスの方向や暗い方向、或いは不足や恨みの方向へ、悪い方へ悪い方へと流れて行く傾向、悪癖であります。また「普通とは異なった特徴」も癖と言い、癖がないと特徴がないわけですが、良い癖は長所にもなります。それから、癖とは「直そうとしてもなかなか直らない事や状態」を言い、自分でも直そうとするのですが、ついつい知らない間に出てしまう。これを癖と言うのであります。いい癖は長所・特長ですが、悪い癖は本当に怖い。悪い癖というと、例えば、癇癖（かんぺき）などと言い、すぐ怒る人を癇癪持ちと言うように、癇癖とは「過剰に怒りっぽい性質」で、やはり一種の病気であります。「やまいだれ」が付くものは一種の病気と悟るのであります。それから酒癖というのもあります。普通酒癖が悪いといい、飲むとすぐ文句を言ったり、手が出たり、物が飛んで来たりするそういう癖を酒癖が悪いと言います。それからまた盗癖という癖もあり、欲しい物を見るとすぐ盗りたくなる。これも一種の病気であります。悪い癖としては、人情癖。信仰していても、教えの方向に心が向かず、理が立てられず人情の方へ流れてしまう。或いはまた、案じ癖。すぐに我が身・我が事を強く案ずる癖。信仰していても、親神に凭れているのかどうか、そんなことはどこか忘れて、すぐに案じる方向に頭が走る。これを先案じ癖と名付けましょう。そしてまた、不足不満癖。なんでも不足不満の方にものを取って行く癖。そして、恨み癖。或いは惜しみ癖。物を惜しむ、身を惜しむ、金銭を惜しむ、人を救ける心などはさらさらなく、自分のことばかりを考える癖。或いはまた、なまけ癖。体を必要以上に庇い、ちっとも動こうとしない癖。或いはがんこ癖。人の言う事を受け入れず、どこまでも自分の主張を通す人。こういう人を甲殻類的思考の人と言い、固いので伸びず、なかなか成人しないのであります。

今、悪い癖をいくつか挙げましたが、勿論いい癖もあります。初代はよく「運び癖をつけなさい」と諭しておりましたが、要するに、教会に運ばずにはいられないという癖。尽くし癖は、尽くさずにはいられないという癖。教祖は何とおっしゃったか、「一日でも人一人なりと救けねば、その日は越せぬ」と。そしてまた、辛抱癖。「たんのう」の教えを心に治める、その前に辛抱癖をつける。じっと耐える、じっと抑えるという癖をつける。それが「たんのう」の心に繋がっていくと思うのであります。一遍に「たんのう」しようなどと思っても、とても「たんのう」などはできません。辛抱ができない人に何で「たんのう」ができるでしょうか。教祖は「優しい心になりなされや、人を救けなされや、癖・性分を取りなされや」とおっしゃっており、この大事な三つの中の一つに「癖・性分」が入っているのです。これを思う時に、如何に悪い癖・性分というものが、私達の日々の生活にとって怖いものであるかということ、即ち、この「癖・性分」が、その人の人生や運命を決めると思うからであります。

性分とは、「生まれつきの性質」「天性」とも言い、別な言い方をすれば「性格」であります。人はよく得な性分とか、損な性分とか言いますが、これを合わせて「癖・性分」と教祖はお教えくださっていると思うのであります。

ところで、癖とか性分はどうして形成されて行くかというと、それは殆どが「習慣」であります。長い習慣が癖や性分となり、その人なりの人格や体をも作って行くのです。毎日トレーニングをしている人は、体が丈夫になっていきますが、反対に、毎日酒ばかり飲んでいる人、毎日大食をしている人、体を必要以上に大事にし動かない人、これ全て生活習慣であり、それが癖になる。そしてそれが性格にもなって、その人なりの人格や体までを作っていくのであります。糖尿病だとか心臓病だとか、循環器系の病気を、すこし前までは成人病と言っておりましたが、現在は成人病とは言わず、「生活習慣病」と医学界でも改めたのであります。それぐらい習慣というものが、その人なりの人格や体を作っていくということであり、癖もその一つであります。そして、そういう人達が集まった家々が、その家の家風になるわけです。昔は家風というものがあり、例えば、厳格な礼儀正しい家風とか、秩序正しい家風とか、いろいろあったのですが、習慣がそういう家風をも作り上げていくので、一日や二日でできるものではありません。習慣が癖や性分となって、そして、人は自分の癖や性分で物を見たり、理解したり、判断して、ものの善し悪しを決めるので、この癖というものが如何に恐ろしいものかということであります。

紀元前のローマ時代の哲学者であり政治家であったキケロは、「習慣は第二の天性なり」と言っています。どういうことかと言うと、「身についた習慣は生まれつきの（先天性）性質に劣らない程、その人の生活や人生に影響するものである」と。故に、習慣を変えて行かないかぎり癖は変わらないので、そのことを考える時、日々の生活を如何にするべきかを本気で考えなければならないと思う次第であります。

昔の成績は甲乙丙丁で表し、私の時代は優良可、不可でありました。今は、五四三二一ですが、この甲乙丙、これにやまいだれつけてみましょう。甲にも乙にも、そんな字はありませんが、丙の場合は「病」という字になり、日々の考え方も行いも、丙であっては落第なのだと悟り着いたのであります。甲乙丙と、もし私達の日々を神からランク付けされるとするならば、「お前は甲だ、お前は乙だ、お前は丙だよと、さあ、これにやまいだれを付けてやろう。甲は言うに及ばず、乙にもそのような字はないよ、丙のお前の生き方、通り方、考え方にやまいだれを付けてやろう。それは病だよ」となるので、そのようにかく悟り、習慣が癖となり、悪い癖・性分が病を導き出していくのではないだろうかと悟るのであります。

悪い癖・性分とは、信仰的には、何年もかかって、或いは何代にも亙って、習慣から魂についてきた染み・汚れのようなもので、親神が最初人間をお創めくださった時に、素晴らしい無垢の汚れなき魂を私達に授けてくださったのですが、心の自由をお与えくださり、心の自由を許されて、私達はその心を、自分や自分の身の回りのことのみしか思わない、自分の損得しか考えないような日々の心の使い方をずうっと長い間してきて、この何代にも亙って魂にこびりついた染み・汚れのようなもの、これが癖・性分ではないかと思うのであります。

それでは癖はとれないのか、諦める以外にはないのかと、それではあまりにも切ないと思うのですが、直す方法はあるのです。教祖は、「優しい心になりなされや、人を救けなされや、癖・性分を取りなされや」と順序よく三つをお教えくださいましたが、もし、癖や性分を取りたいならば、「人を救けなされや、優しい心になりなされや」を実行・習慣化していけば、癖・性分は取れると。これが癖・性分を取っていく、唯一、一番の解決方法だと思うのであります。

「やむほどつらいことハない」

（『みかぐらうた』三下り目八ツ）

病んで分かる身上壮健のありがたさ、本当はこれでは遅いのです。では病む前からどうしたら分かるかと言えば、人を「たすける」ことであります。病んでいる人に「あしきはらい」のおさづけをさせていただく時に、さづけをする側とされる側の違いがはっきりと分かってきます。ああ私は何とありがたいことか、おさづけをさせていただく側だ、どうぞ教祖この人をおたすけいただきたい、と人の苦しみ・痛みの快癒を祈り願える側でありますます。「たすけ」とは、病む前に病むことの苦しさ辛さ大変さを分からせてもらえる、そして自分の今の身上壮健である喜びを分からせてもらえ感謝できる。これがおたすけの効能であります。「人を救けなされや」ということは、そういうことだと悟るのでありますます。そしてまた、自分の癖・性分をも取らせてもらえ、人を救けて行けば、優しい心にもなれると。「優しい」とは、字の如く優良可の「優」であり、にんべんとは人を意味し、憂える人の横に佇むと書くのであります。人を憂える心。それは人に対して、心配をしてあげる、案じてあげること、心を解放してあげることですが、反対に自分にその心を向けると不思議と自分は埋没し、潰れて行きます。心を人に向けること、このことを教祖がお教えくださっているので、それを心してこの道を奉じて行くならば、癖・性分は取れて行くと思うのであります。

『病は治るが癖は治らぬ』

という諺がありますが、これは信仰的には否定したい諺です。癖が直らないから病になるので、たとえ病は治っても、それは一過性の一時的なものではないでしょうか。癖を直すことですが、それぐらい癖とは直しにくいものということでしょう。

『良き癖は付き難く、悪しき癖は去り難し』

これも同じで「いい癖をつけるには意志と努力」が必要であり、この道で言う心定め、即ち、しっかりとした意志と心構えを持って、そして努力をしていかないとなかなかいい癖は付いていきません。運び癖・尽くし癖、人を救ける癖・体をつかう癖（ひのきしん癖）をつけて「悪い癖は気付かないうちに身について、しかも取りにくい」から気をつけましょう、ということであります。

私は癖に因んで、こんな諺めいたものを作ってみました。

『患う前に治せ　癖・性分』

もし病んで入院することになったならば、

『入院するついでに治せ　癖・性分』

と。ただただ病気を治すためだけに入院するのではなくて、そのついでに、癖・性分も直して行こうと。考え方の癖・性分としては、すぐに案ずる方向や、不足・不満に頭を使うのではなく、入院して時間は神からたっぷり一人で使っていいから、朝から晩まで二十四時間すべて時間をやるからと許されているので、じっくりと心を定めることだと思うのであります。

例えば、病んで辛い、痛い、苦しい中で、喜べと言ってもなかなか喜べるものではありませんが、その中で看病してくれる人、心配をしてくれる家族などに、感謝をすることはできると思うのであります。病んでも入院しても、感謝は忘れてはならないと思うのであります。教祖がお諭しくだされた「癖・性分」ということを、今まで簡単に思っておりましたが、噛み締めてみますと、如何に恐ろしいものであるか、そしてまた、たすかる元でもあるかということであります。

情けも過ぐれば仇となる

教祖がお教えくださっている「癖・性分を取りなされや。優しい心になりなされや。人を救けなされや」という教えですが、簡単なようですが懸命に努力をしないと「癖・性分」などはなかなか直すことはできません。また『みかぐらうた』の五下り目にも《むごいこゝろをうちわすれ／やさしきこゝろになりてこい》とありますが、この人を助けたい、気の毒だ、或いは、ああ痛かろう苦しかろう、なんとか癒してあげたい、可哀想に、という心も私は優しい心だと思うのです。

では、優しい心は、何に由来するかというと、「情」だと思うのであります。情を断ち切れとか、理を立てて情はいらんとも、この道ではお教えいただいているのですが、情はけっして悪いものではなく、情はいけないなどと神はおっしゃってはいないのです。情がなくなったら、人間生活は殺風景、無味乾燥で、人間性はなくなると言っても過言ではないと思います。情というものは人間にしか与えられてないもので、他の動物には与えられていないと思うのであります。それが証拠に、犬や猫、牛や馬のような動物に情があるでしょうか。仲間や子が傷ついていていても病んでいても通り過ぎて行きます。情とは、人が本来もっている性質、神が与えてくださっている性質で、気の毒だと思う気持ち、人に対する心遣い、哀れみや思いやりの感情、これが「情」であります。

温情・薄情・厚情・恩情・激情・熱情・真情・慕情・心情・純情・強情・人情・表情・同情・愛情・感情。多くの情という言葉がありますが、これらは皆人間にしか与えられていないものであります。動物には子供を育てるという本能はあっても、人間にある愛情などというものが犬や猫、馬や牛にあるでしょうか。

そこで、この「情」の使い方が問題になるのですが、これを先人や神も私達に色々と教えてくださっているのです。

情にはいろいろな情がありますが、いいものと悪いものとにはっきりと分かれています。情け心とは、思いやりの深い心で、その反対に情け知らずという心もあります。情けをかける、哀れみをかける、親切にしたり思いやりのある行為をしてあげたり、或いは言葉をかけてあげることは、悪いことではありません。しかし、そういう中でいけないことがあるのです。「情けが仇」ということであります。せっかく好意で情をかけても、かけ過ぎると却って相手のためにならなくなり、思いやりの行為が却って悪い結果を招いてしまう。これが「情けが仇」ということなのであります。他の言葉で言えば、「情けも過ぐれば仇となる」。情というものはなくては味気無いものですが、過ぎると、却ってかけない方がいいということにもなるのです。先人は、ただ一言、情はいかんと教えてくださいましたが、情もなければと、このところをしっかり私達、道を通る者は、心得ておかなくてはならないと思うのであります。

しかし、その情は出す時、出す場、出す状況、出す人によって違って来るので、この点も深く思案熟慮していかなければならないと思うのであります。

教祖がおっしゃった「人を救けなされや」ということは、情けの部分がなくてはできないと思います。情けは、なくてはならないものではありますが、一つ狂うと、これは全く救けることにはならなくなるから、情を断てということをお教えくださったと思うのであります。その匙加減が、人、人によって皆違います。情の深い人は、ずっと情をかけ続けていく。ここで打ち止めなければならないものでもその後までもかけていく。これが情に流されるということであります。

夏目漱石の『草枕』という小説に、

「山道を登りながら、こう考えた。智に働けば角が立つ。情に棹させば流される。意地を通せば窮屈だ。兎角に人の世は住みにくい」

と。

あまりにも有名な一節であります。「智」のみに走り、才や理屈だけでは人は治まらない。

さりとて「情」をかければ、どんどんと情に流されて行ってしまう。自分の意地を通せばあっちこっちでぶつかりますから、窮屈になる。兎に角人の世は住みにくいと、漱石はこのように人の世を観察しています。これらはすべてバランスの問題だと思いますが、「智」も上手に使えばいい。そして、「情」も善し悪しをしっかり見極め、わきまえて使わなければいけない。「意地」も適当になければならない。須らく、よく周りを見、相手を見、状況を見ていかなければならないことを教えているのではないかと思うのであります。

では、神は「情」というものをどのように言っているか。

《前々より諭したる。まあ初め〱それ〱道理からよく聞き分けて、よう思やんせい。思やんすれば、成程と分からにゃならん。どうでもこうでも分かり掛けたる理あるけど、情に流れる事はならん、情に流れる心は要らん。情に流れるようでは、どんな道が見えるやら知れんで。情に流れるような道ではないで。》（M34・10・14）

よく思案して、そして成程ということが分かっても、「でも」とか「それが」とか「しかし」とかを付け加えて、納得したことを打ち消し、自分にとって都合のいい楽な道を選んで通ることが情に流れることなのだと、神は戒めているように思います。決めた心を「否ちょっと」とか「やれこうで」とかいうように、私達は自他共に情に流されて日々を通っているところが多々あるのではないかと思うのであります。理の上でしっかり分かった、しっかり納得させてもらった、成程と分かってはいるけれども、現実に直面すると、ついつい流されて行く。これが所謂、情に流されるということだと、神はこの『おさしづ』でお教えくださっているようにも思うのであります。或いはまた、

《さあもう何も彼も分からせん。どれ一つ定まったと答あらせん。定まったらどれはどうと答せにゃならん。答もせず情に流れるから、どうもならん。そこで、情に流れなと言うてある。情に流れては、分かりあって分からん。さあ〳〵事情激しいで。これより、激しいで。（中略）さあ〳〵情に流れんようにせにゃならん。人間心の情に流れてはならん〳〵。情に流れんようしっかり治め。しっかり治めてしっかりせにゃならん。情に流れてはならんぞよ〳〵。》（M34・10・14）

情は勿論大切ですが、理を優先することを私達は学び直さねばならないのではないかと。情がいけないのではないが、自分は情に流されてはいないかどうかを常に問いかけることが大切なことであり、真の優しさは厳しさの中にあることを時折知らされるのであります。

江戸時代の陽明学の祖、中江藤樹の母子の逸話にそれをみることができるように思います。

幼少の頃、藤樹は滋賀県は近江の国の山中より学問に志を抱いて都に出立しました。或時、母親から一通の手紙が届き、「冬になり寒さ厳しくあかぎれができて困っている。」と言うことが書かれており、親思いの藤樹は、早速苦学中とはいえ、僅かな金策をしてあかぎれに効く薬を買い、久しく会っていない母との再会を夢みながら、激しく降る吹雪の中を家路にと急いだのでした。やっとの思いで家に着き、「さぞや冷たくて痛いことでしょう。良く効く薬を買って参りました。」と母に差し出したところ、やさしく待ち受けてくれる母の温かい言葉を期待していたのとは反対に、「実が実るまでは帰らぬと言う志を半ばにして帰って来るとはなに故か。そんな意志の弱いことで志を貫き通すことができましょうか。その足ですぐに戻りなさい。」と叱責の言葉が返ってきました。藤樹は頬を強く打たれた思いで、帰りたい、母に会いたいと言う自分の意気地の無さに気づき、恥じ入って薬を母に手渡すと、雪の降る今来た道を再び引き返しました。母の心中は子供との再会と自分への心遣いを嬉しくも、有難くも思っていたに違いありません。がしかし、情に流され、やさしい言葉をかけ、厚く帰郷をもてなしたのでは子供の思いを全て認めてしまうことになり、子供の意志の挫折につながるものと考えたのでしょう。そして閉めた戸の陰で母は目に涙を浮かべながら、雪の中を引き返して行く我が子の後ろ姿が見えなくなるまで、じっと見つめていたという逸話であります。

この母の願い、子を思う真実の親心が27才にして役職を辞し、全てをなげうって脱藩してまでも郷里の寡婦となった母を養う後の近江聖人として、世の人々から慕われた中江藤樹を生んだように思うのであります。

私は神には情があるか無いかと問われたら、神には私達が俗に言う情はないと答えます。神に情があったら人の世は混乱を来たし、大変な事になります。「人情」という言葉はあります。がしかし、「神情」という言葉は聞いたことがありません。神には情はありませんが「親心」があります。親の心は、厳しい時もあるし、優しいところもある。これが親心だと思うのであります。親心は優しいばかりではなく時には非常に厳しい仕込みもする。さもなくば子は立派にも育たないし、独り立ちもできない。優しさだけでは軟弱にはなっても強くは育たない。将来の厳しい苛酷な状況を見越して、厳しく仕込んでくれる。これが親心ではないかと思うのであります。

神には情はなく、情は人間が本来もっている性質で、神が与えてくださった心なのです。「情も過ぐれば仇となる」、或いは「情をかけるより燗鍋かけよ」という諺もあるように、情は温かく心地よいものであると同時に、怖いものでもあります。それ故、一人一人が熟慮しないと大事に至ります。この子を、あの人を甘えさせ過ぎてはいないだろうか。自分に情をかけ過ぎてはいないだろうか…と。「山中の賊に勝つは易し。なれど、心中の賊に勝つは難し」であります。

そこで情というものを、しっかり仕分けねばならないと思うのであります。人、人みんな情の度合いが違います。情の深い人、薄い人、十人十色で、私はどちらかなと、自分で自分を見つめてみることが必要だと思います。人一倍情をかける人もいます。見ても「そりゃ情のかけすぎだよ」と。また逆に「もうちょっと情をかけてあげた方が」という人も居り、自分はどうかなと、自分で問いただしてみる必要があると思います。

身近な話では、初代の母、田中ふさがまだ若く、本芝大教会に入り込んでいる頃、本芝二代白木原アキヨ会長様が、皆でお団子を食べているその時に、母に「おふささん、あんたはこれがいちばん似合うよ」と言って、串をくれたという話を聞いたことがあります。団子ではなく、串であります。母は情なかったでしょう。その場を繕うのに戸惑ったことでしょう。厳しい情無用の場面を私は母から時折聞かしていただきました。さあ、ここでこの理の親に情があるや否やを思案するところであります。が、アキヨ二代会長様は、しっかりこの人を立派な道のよふぼくに仕立ててあげたい。また肺病やみで、吐血してどうなるものやら分からない母の人生、病の守護を頂いてしっかり立ち上がって行ってもらいたいという理の上の親心。唯々表面で、串をくれた、それだけを捉えれば、なんと非情な人であろう、なんとむごい人であろうと、こう思うかもしれません。しかし、もう一歩の奥には、このような苛酷な場を乗り越え忍べれば、先々どんな屈辱にも苦労にも耐え得るだけの力が養われる。そして、この人になんとか救かってもらいたいという、本当の真情が串に込められていたのではないかと私は母の話を通して悟らしていただいているのであります。

情の使い分けを私たちはしっかり、或いはまた、情の受け止め方をしっかり見極めて行かないと大きな間違いの元になるということであります。その表面だけを捉えれば、何と無情なのか、自分はとてもついていけない、もうこの道を通ることをやめた、と切れて終わりになる。或いは、初代の母のように、否ほんとにそれが、大きな親心なのだ、愛情なのだとして通った道が今日の私達の、また大教会の礎であることを思う時に、私達はこの情というものをしっかり学ばねばならない、しっかり見極めねばならないと思う次第であります。

理を戴く、徳を戴く……とは

―あやかること、真似ること―

この教えで「理を戴く」「徳を戴く」ということをしばしば申しますが、理を頂く、徳を頂くとはどういうことかを思案する時、それは「理や徳にあやかる」ことと悟るのであります。

例えば、私達には誰しも皆誕生日がありますが、その自分の誕生日を、一人で祝うことぐらい味気なく、物淋しいことはないと思うのであります。また、周囲の人達が、むしろ祝うどころか誕生日なんか来ちゃっていい迷惑と、何か誕生祝いでもしなくてはいけないから、或いは、何か言われるからしょうがないからそこそこの物を買ってでも祝わなくては、というような祝われ方もあるのです。

そこで、毎年四月十八日には教祖御誕生祭がつとめられ、全教がほんとに喜んで教祖の誕生を祝い、私達はそういう理にあやかる、あやかりたいということになるのでありま す。「継承」はと言えば、何の心配もなく、親の思いを次の世代の者が受け継いで、そして、親を思い、親を立て、後を仕切って行ってくれる、そういう後継者のご守護を頂く、そういう理にあやかるということは、即ち、そういう理を戴くということであります。良いことは全て自分自身にその問題を置き換えて、我が事として努力していかなければならないのではないかと思うのであります。

さて、「あやかる」ということでありますが、私達はよく「ああ、あの人の家庭は素晴らしい。あのような家庭にあやかりたい」或いは、有能な素晴らしい人がいて「ああ、あの人のようになりたい、あの人にあやかりたい」と、こう言うのではないでしょうか。「あやかる」とは、「理想的な状態にあること、またある人、それと同じように自分もなりたいと思うこと」をあやかると言うのであります。あの人にあやかりたいということは、その人を理想として、そのように自分もなりたいと思うことですが、しかし、「あやかりたい、あやかりたい」と言ったり思ったりしているだけでは絶対にあやかれないのであります。

では、どうすれば「あやかる」ことができるかということになりますが、それには大切な秘訣があり、その秘訣は、真似をすることなのであります。自分があやかりたいと思うことの、そう思う人の真似をしなければ、絶対にあやかることはできないのであります。

私がフランスに滞在していた時に、どうしたら流暢にフランス語が話せるようになれるかと来る日もく毎日悩み苦しみましたが、行きつくところ、フランス人の真似をする以外他にはないと気付き、フランス人がしゃべる真似をすることに専念したのを昨日のできごとのように思い出すのであります。また、例えば、年よりずっと若く見える人がいて、「あゝ、あの人は若い、ああいう若々しい生き方をしたい。あやかりたい」と思うならば、その人と少しでも同じようにしなければ、少しでも真似をしなければ不可能なことなのであります。

そこで、「真似る」とは「学ぶ」のタブレット、即ち「真似ぶ」で、同一語源なのですが、変化の経路が別々であったため、私達は全く無関係な別の意味と思っているのですが、真似ぶは学ぶを同一語源としているのであります。故に、真似るとは、学ぶことで、いろいろなことから、いろいろな人から学ぶこと、それが大切であります。いいことは無理やりにでも真似をすることであります。そしてまた、真似ようと思う時は、今の自分を変えなければなりません。今の自分はしっかりとそのまま持っていて、そして、あの人のようになりたい、この人のようになりたいと真似をしようと思っても、今の自分を変えないかぎり、真似をすることはできません。須らくは、少しでも自分を変えるということです。今の自分にとって理想のものがあるならば、或いは、守護を、徳をもっと頂きたいと思うのであれば、自分を変えなければ理想にも近づけないし、守護も徳も頂けないということを強調する次第であります。教祖御誕生祭、あれだけの多くの人のお祝いを頂ける、教祖は素晴らしい。或いは、あの理はありがたいことだと思うならば、そしたらそれを我が事として教祖のひながたのかけらなりとも真似をすることであります。今の自分のおかれている中で、その範囲の中で、懸命に自分を変えて行く努力をすることで、これをしないかぎりあやかることはできないと。

そこで、今、変えると申しましたが、私達は何のためにこの道を奉じて行くのかと言えば、それは、自分の癖・性分を、考え方を変えて行くためと言っても過言ではありません。持っているいろいろな悪癖を、理想の方向に、陽気の方向に変えて行こうと努力することであり、変えないでいくら変化を願っても変わらないということで、いいことは真似ることであります。逆に悪いことを真似たら、そのようになって行きます。私達は今日まで私達自身が何一つ生み出して来たわけでもなく、先人達が残してくれた素晴らしい理を私達は真似て、そして、学んでいるのです。次に、私達の通り方一つ一つを子供がしっかり真似て学んでいるということも知らなければなりませんし、子供に関しては問題は先ず親の立場にある私達にあるのだということを考えねばなりません。「節目」に出会った時には、陽気の方向に心の向きを変え、何でも、無理やりにでも陽気の方へ心を向けて行くことであり、そのように変えるのです。ああ、嫌なことがある、心配なことがあるといってそのまま放置して、少しも変えることをしないで、ああいうふうになりたい、こういうふうになりたいと思っても、事態は変わらないということであります。自分自身を変えること、これが一層の神の守護を頂く大切なことではないだろうかと思案する次第であります。それをしっかり悟りとって、教えを、また理想とすることを「ああなりたい、あやかりたい」と努力すれば、必ずや親神が、教祖が幸福行きの陽気遊山の列車に乗れる切符を渡してくれると思うのであります。

「丹精」は誠

辞典で調べますと、「丹精」とは「心を込めてすること」とあるように、丹精せねばと思っているだけでは、丹精にはなりません。すること、行うことなのであります。草木ならば、心を込めて剪定をして形を整えて綺麗に仕上げて行く。人であれば、心を込めて育てるということが「丹精」だと思うのです。また、丹精とは、仕方がないから、言われるからやる、という義務や強要強制ではありません。なぜなら、心を込めてすることですから。

《自由は誠一つという。誠一つ無いから、何よの處も分からん。丹精盡くすは世界一つの道理や。難しい事をせいとは言わん。成る理だけの事や。》(M23・4・19)

このご神言はどういうことかというと、自由は誠一つでどうにでもなって行く。思うようになって行く。誠一つないから、どのようなことも分からない、思うようになって行かないのだと。要するに、この成って来るというのは、本当に真実込めた丹精があれば成って来る。成って来ないのは、丹精が足りないからであり、しっかり良く成って来る理の、丹精を込めさせてもらえとお教えくださっていると思うのであります。

《育ても育て。奇麗にすれば奇麗になる。（中略）互いく礼言うように成りてみよ。不足ある。丹精する。不足ありて丹精と言えるか。日々丹精という理に成りてくれ。日々皆礼言わにゃならん。》

（M32・10・1）

これは一生懸命育ててくれ、それがありがたいことなのだ、ありがとうございますと、礼を言うような心になってくれと。そして、仕方がないからやる、或いは、言われるからやる、そういう心で丹精をしても、本当の丹精と言えるか、ということであります。「日々丹精という理に成りてくれ。日々皆礼言わにゃならん。」と教示されているのであります。特に子供や若年層に対しては、丹精の一語に尽き、これなくしては若い人は育ちません。学生層も同じことで、丹精とは、育てることに繋がって行くと思うからであります。

では、「育てる」ということはどういうことか。もう数年前になりますが、明大中野高校の片桐誠名誉校長が、教育について話されているのを、そばで聞いたことがあります。「教育とは、教えるだけではないんだ。教育というのは、書いて字のごとく教え育むことなんだ。要するに、育てるということなんだ。」ということを話され、未だに心に深く残っております。唯ものを教えて行くだけではなく、育てていくということなのだと。

では、育てるとはどういうことか。辞典には「大きく成って一人前の働きが出来るようになるまで、周りのものが面倒をみること」とあります。もし大きくなっても一人前の働きが出来なければ、まだまだこれは育てることが足りず、育てなければならないのであります。体や年は大人になっていても、一人前でない人がたくさんいると思いますので、それをしっかり育てていくことが、一歩先を歩んでいる者の使命なのではないでしょうか。姿形ややることは大人でも、心がまだまだ一人前の大人としての働きがない。そういう人達をしっかり丹精させてもらうということが「たすけ」だと思うのであります。ある崩壊した家族のおたすけを通しての話の中で、夫婦が離婚をし、一家がばらばらになって、子供が自殺未遂をする。本当にこれは家族としては最悪の事態だと思います。でもなんとか助けて行かなければなりません。では何故その子供が心を取り戻しご守護が頂けたかというと、丹精したからで、丹精以外の何ものでもなく、丹精とは、人をたすけるたすけ、たすけは丹精、ということではないかと思うのであります。育てるということについて、「おさしづ」では、

《このやしきで、罪という。罪はすっきりと思わんよう、作らぬよう。心で心罪作っては、人を育てられるか育つか、寄せられるかくく。（中略）神は心罪という心罪すっきり嫌い》（M21・8・30）

心罪を思案してみると、心罪とはまず不足だと思います。そして、ああしてくれない、こうしてくれないという欲、それからそれに伴う恨み、これが皆心罪だと思います。学校

や教会や社会の施設に子供達を送り出しても、一つも丹精してくれない、一つも指導してくれないと、この「してくれない」という親の欲や不足。自分では意識してはいなくても、心の奥の奥の奥底では、それを恨みに思っていることで、これでは子供はよくなる筈がないと思います。まず身近な家庭の中で、しっかり子供を丹精しているかどうか。自分はそれをせずに、やれ社会が悪い、学校が悪い、やれ教会が悪い、人が悪い、国が悪いというように、他に転嫁する、その心が心罪と申し上げたいと思うのであります。この心罪を作らぬよう、思わんよう、ご示唆くださっているのです。

《早く一つの理を聞き分け、見分け。天然自然一つの理を見れば、行末一つの道を見る。どうやこうやと言わん。尋ねるから一つの理を聞かそう。育てるで育つ、育てにゃ育たん。肥えを置けば肥えが効く。古き新しきは言わん。真実あれば一つの理がある》（M21・9・24）

と、お諭し頂いています。他に転嫁し、人に託して、自分は一つも育てようとしない。それでは育たない。一生懸命育てている上で、尚もう一つよろしくとお願いする。自分で育て、育てる苦労が分かっている人は、周りの恩が分かると思うのであります。得てして自分が何もしていない人にかぎって、託した相手が思うようにやってくれないと不足をし、いわゆる心罪が生まれて来るのです。しっかり育てさせて頂いても、尚不備なところがあり、それを人や、教会、社会、学校に託す。そうしたら御礼しかないと思うのであります。先程申し上げた「礼を言うようになりて」くれと、かようにお諭しくださっているのであります。

《ぢば一つの理、日々育てる理はをやと言う。ぢば清水一つの理である。》

（M22・5・7）

《元というはをやという。をやという理は可愛い理に育てば、どんな所も育つ。親と成りて育つるは可愛いという理を以て育てるよう》

（M22・11・29）

何度も述べて来ましたが、キリスト教の教えは一口で言えば愛。仏教は慈悲。では、天理教は、と言えば親心であります。要するに「可愛いという理」、そういう親心を持って育てるということが大切だということです。自分中心で、自分の言うことを聞いてくれないから、つい腹が立ち、憎さが生まれ、そして、それが恨みになる。そして、心罪を作っていく。それ故に、私達も親心をしっかり持って、我が子、我が孫、そして理の子たちを育てていく、丹精していくことが大切なことだと思うのであります。

《育てば育つ、育ては誠、誠は修理、修理は肥やし。これよう聞いて置け。》

（M23・6・24）

と、親の思いを綿々とお聞かせくださり、育てれば育つし、育てなければ育たないと。

育てれば育つから、しっかり育ててくれ、育てるということは誠真実なのだと。

多くの親は、自分達がまずは何をなすべきかを忘れてしまって、学校に社会に、或いは教会に期待を抱き過ぎ、甘え過ぎて、自分のやることを見失っているのではないでしょうか。例えば、有意義な講演会や教会の行事などに、子供に対して、駄目だったらいい、仕方ない、というようなことではなくて、行けば必ず良いことを学んで帰って来るという思いを先ず親が持ち、必ず先々、色々と習得するであろうという願いと思いと自信を持って、力強く子供に、若年層に、或いは学生にぶつけることが大切なことではないかと、次の世代を担う人達に真実の丹精をしようではありませんか。

子育てはいい風景の中で

―陽気ぐらしの風景づくりを―

信心しているとかしていないとかは別問題として、親の在り方で、また、家庭の在り方で、いいものも悪いものも含めて、いろいろなものを生み出していくということであります。

そもそも家庭とは、遠慮のない安らぎの楽しい場なのですが、一つ狂うと地獄や修羅場にもなるということ、そしてその家庭の舵取り、これは親であるということでありま す。それでは全て親ではないかなどと、子供がよくなるも悪くなるのも親次第みたいに誤解されると困りますので、子の立場も含めて考えてみたいと思います。親だけが全てではありませんが、やはり親の立場の責任は大きいものがあります。

親子とは、利害のない共存・共生の関係にあり、一方だけが一生懸命でもだめで、子供も子の立場としてしっかり親子とは家庭とはを受け止めて行かねばなりません。こういう子供にあゝいう子供になってほしい、それには、親がしっかり後ろ姿で示して日々を通らなければならないということであります。

何故かと言うと、親と子といえども、そこには隔たりがあるからで、たとえば先ず年齢という時間的な隔たり、時代的な隔たり、また性格的な隔たりなど、そして親子でも親が育った環境と今いる子供の環境には大きな隔たりがあるので、それをしっかり理解していかなければなりません。たいがいの大人や親達は「俺が子供の頃は云々…」自分を中心とした親の目線や視点でものを見、ものを言うことが多いので、そこから両者の間に無理解とか、一方的とかいうような隔たりが生まれて来るように思うのであります。共存、共生とは違った者たちが衝突することなく、同じ場所で生存していくことからしたら、当然耐えることや一人ひとりが自分を抑えることの努力をしなければ共存、共生は不可能なことなのであります。その中心的役割が繋ぎの役割、その使命を担うのが母であり、母親の存在というものが如何に大きいか、女性の存在の大きさを思い知らされるのであります。素晴らしい人は、母親が皆立派であると言っても過言ではありません。孟子の母（孟母の三遷）しかり、中江藤樹の母しかり、野口英世の母にしてもそうであります。

さて、「原風景」という言葉がありますが、子供が育って行く過程の中で「風景」があるのです。どういう風景を子供に将来ずっと描き続け、持ってもらうか、それを考えながら子供を育てて行かなければならないと思うのであります。この信仰も同じで、愚痴、不足、不平、不満で毎日毎日を、特にこの信仰についての不足などを言っていたら、人も我が子も信仰はしてはくれません。当然のことであります。どんなことがあっても、家庭以外でも、不足はちょっとした些細なことですが怖い心遣いであります。日々の積もり重なりの中で、そういう不足の風景が子供の脳裏にインプットされ、何かの時に頭をもたげ、親が愚痴っていたこと、嘆いていたこと、恨み節を歌っていたことであるなら、そういう親に健全な精神を持つ子供が育つはずがないのであります。原風景を大切にすることだと思うのであります。

　子供より先にこの世の中や人生を歩んでいる親や先人である私達の通り方は子供にとって大切だと思わざるを得ません。

　以前にも述べましたが、福沢諭吉は、「徳育とは、耳より入らずして目より入る」と言っております。後ろ姿であり、或いは日々の姿勢であります。これが一番子供に徳育をする上で大切なのだと。私達の教祖も、どんなに赤貧に落ちても、どんなに苦しい中でも、感謝する心、喜ぶ心を嫡子秀司様や末女こかん様にお教えになっていた教祖のお姿、これがほんとの徳育であります。心からの喜びや、真に勇んでいる姿が、また艱難辛苦にもめげない姿が、子供に映り、親の、母の風景として何かの折に蘇り、支えとなるので、この原風景というものは、子供の生涯を決めるほどの凄いものだと思うのであります。私の場合も、母の不足を言っていた姿、愚痴をこぼしていた姿を見たことがなかったので、私の心の中には、母の不足をしていた風景は存在しないのであります。ありがたいことであります。

福沢諭吉はまた、「家庭は社会の学校なり」とも言っています。学校で教育を受けて知識は得られますが、それ以外の教育や情操は家庭でなされる、その意味で「家庭は社会の学校なり」と言っているのであります。私達は毎日子供と一緒に暮らしてはおりますが、そのような心構え、思いで日々を通っているかどうかということが大切なことだと思うのであります。

私達がこの教えの道を通る中で「道の後継者を育てよう」と良く言いますが、親がしっかりした信仰も持っていないのに、しっかりした後継者を育てるわけにはいかないのでありります。故に、しっかりこの道を求道し、実践して立派な子供を育てていくことではないかと。

ここで、駄目親の条件を幾つか挙げてみますと、一番最初に挙げられるのはやはり、不足、不満の多い人です。自分の都合、勝手に合わなければ、たとえそれが子供の前であってもすぐに不足をする。そして不足だけならまだしも、今時よく言う「切れる」。社会に対しても、夫婦間にあっても、他人に対しても、すぐ切れる。切れるということは耐えることができないことなのです。こういう人が親になったら、ほんとに子供は悲劇であり、こういう人が親になると駄目親と言うのではないでしょうか。そして、恩を受けたことは忘れ、嫌なことはいつまでも忘れずに持ち続け、自分の都合勝手に合わなかったことをいつまでも恨みに思う人。これが駄目人間であり、駄目親であります。その親の下に駄目子供ができる。

性格心理学者の詫磨教授は次のように述べています。「非行の主たる原因は家庭の中にあると考えます。つまり、家庭の中での教育や躾が十分になされていないことに加えて、家庭にいることを、子供自身が楽しいと思っていないことが非行の根源にある」と。

家庭の中の様子は外からは見えません。あの家庭はちっとも不自由ないのに、なぜあのような子が、と私達は訝（いぶか）しく思いますが、外からは伺い知ることは出来ませんが、何か欠陥があるに違いありません。今の日本の家庭、特に都会の家庭は、女性である母親も仕事を持って忙しく勤めていて、親が疲れ切っている。女性の社会進出も結構ですが、それに起因して、一方で大切なものを見失って、大きな落とし穴を開けている場合があるのではないでしょうか。経済的には豊かにも楽にもなるでしょうが、子供の心にはポッカリと穴が開いている。これが今の日本で考えなければならない「家庭崩壊」

の原因の一つではないかとさえ思うのであります。都会の家庭では、親達が多忙で親子のコミュニケイションもなく、家庭自体が不安定な状態で、教育は家庭の外に委託する。塾や家庭教師、しかも、塾も一つだけではなく、その他に習い事も、と言ったように。子供はといえば分刻みで追われ、そのための莫大な費用を捻出するために、お母さん達は一生懸命パートで働きますが、そこには大きな落とし穴が開いているということには気付かない。金品さえ与えていれば、情操教育も躾も十分に子供になされると思っている。これが間違いと誤解と錯覚だと申し上げたいのであります。一方子供達はと言えば、個室の中で、豊かな品々（私達が子供の頃には想像もつかなかったような物や、ありとあらゆる機材）に恵まれ囲まれてはおりますが、親との交流は殆どありません。こういう家族を何と言うかというと「ホテル家族」と言うのであります。自分の好きな時に、好きなように食事をし、自分の部屋に入る。一人一人がホテルで生活しているようなものでありますす。それに対して父親も母親も何も注意をしない。例えば、好きなものしか食べない。嫌いなものを食べなくても注意もしないし、諭しもしない。心の疎通のとれていない家庭、これでは名ばかりの家庭としか言えないのではないでしょうか。ましてや信仰についてですが、この教えは尊いのだ、この教えは素晴らしいのだということを、事ある度に身をもって子供に伝えていかないで、たまに思い出したように話をしても聞いてはくれません。子供の将来に向かって、どんな苦しい時でも「喜び」というものを子供達に教えてあげること、「喜びの心」を忘れず、喜びが持てるような、そういう子供に育て上げて行くことが大切なことで、一生のうちには、紆余曲折、いろいろなことがありますが、その中でも、「喜びを見つけられる心」を作ってあげることが、親として大切な親心ではないかと思うのであります。次に、若い人に対しては、

《親と成り子と成るは、いんねん事情から成りたもの。親を孝行せず、親という理忘れ、親に不孝すれば、今度の世は何になるとも分かり難ないく》

（M40・4・9）

と。親は、親の設計図の下に子を生み、子供は自分の理想の下に生まれてくるのではなく、全ては神の御計らいによるのであります。例えば、親にとってみればできればもっといい子を産みたかったかもしれないし、子供にとっても「あんな親の子供にはなりたくなかった」と言っても、そうはいかない。《親と成り子と成るは、いんねん事情から成りたもの》と、これは神が決め、定めてくださる天命として受け止めなければならないのではないでしょうか。駄目な子供であっても諦めず、駄目な親なら心を取り直して、しっかり教えに添って切り替え、立て直しをしていくことだと思うのであります。

一部の若い人にとっては、関心が薄いかもしれませんが、「親孝行」とはどういうこと

かと言うと、それは親に心配をかけないということであり、親に安心をしてもらうことであります。親に物を買ってあげるとか、おいしい物を食べさせてあげるとか、そんなことではなく、どんな問題に直面しても、明るく心を倒すことなく、独立自立して行けるような心を養い、そういう証を親に見届けさせてあげるということであります。

《古き者親という。子は何人ありても親は一人。（中略）親がありて子というは、親が賢うても、子は鈍な者出けるやら知れん。子は、親が鈍な者やと言う者があるなれども、何ぼ鈍な親でも、親があればこそ。年が寄れば鈍な者や。鈍な者でも親というもの大切なものや。（中略）親というものはどれだけ鈍な者でも、親がありて子や。子は何ぼ賢うても親を立てるは一つの理や》（M22・10・14）

と、子供の立場をお教えくださっています。ここにこんな教訓がもう一つあります。

冷たい手握って詫びる親不孝

こうならないように、親の手が暖かいうちに、親に「ありがとう、うれしいよ」と、親からそう言ってもらえるような子供としての生き方をしなければということを戒めてくれています。また、

『親孝行したい時に親はなし』

これはどう悟るかと言えば、親孝行したい時には親は居ない、それでは時既に遅しにな

るから、だから親がいる時に親孝行をしなさい、親がいる時に親に喜んでもらうようにつとめなさいと。さすれば神は必ずそれを受け取ってくれ、次は自分の子供に親孝行をしてもらえる種となるのだということであります。

　一人〳〵が日々を大切にし、素晴らしい原風景、いい風景を作りたいものであります。東京湾に夢の島という東京のゴミ集積場があります。名前はいいのですが、夢の島は見渡す限りゴミだらけで、蝿やネズミや野良犬や野良猫がいっぱいウロウロしています。やはり八ケ岳や阿蘇、或いは浅間の素晴らしい裾野に広がるお花畑のあるような、そういう綺麗な素晴らしい風景で子供を、或いは自分自身をも育てて行くことが、大切なことだと思うのであります。夢の島のような場で子供を育てたらどうなるでしょうか。汚くて臭くて、手も足もつけられないというような子供になってしまいますから、何事にも耐えられる心を持てるような子供、そして、人のことを思いやれるような子供に育てねばと思う次第であります。次の孫、子の代までも、きちんとこの道の信仰が伝わっていくような、日々の風景を作っていくことであります。

子が満足して親という

伝道にも横の伝道と縦の伝道があり、横の伝道が家族ではない人への伝道、即ち他に対する伝道であれば、縦の伝道とは親から子へ、子から孫への伝道ということになると思うのです。親と子が縦糸になり、縦と横の糸で織物が作られて行くように、この教えも、やはり横糸だけでは一枚の織物にはならず、どうしても縦と横、この二つが必要であると思うのであります。

ところで今は、昔と違い少子化で兄弟が少ないので、相手をいたわり、分かち合う心など教わる場も学びとる場も持てず、自分を制御することもしらない、自分を抑える忍耐ということも知らない子供に成長して行くように思えます。嫌な物は食べない。父親がそばにいても、食べなくても注意もしないし、躾もしない。結局思いやりという心や、自己制御を教育されないで大きくなって行く。だいたい今の親がそう育っていますから、その子達に至っては尚のことであります。それをとやかく言っていてもしょうがありませんが、現実問題として、もうそういう世の中になっているのですから、それをひっくり返して元のような大家族にするようなことは、なかなかできません。

では、現実の中でどうしていけばいいのかということが問題となります。どうしたらいい子供に育てられるか。信仰を持った思いやりのある子供に育てられるか。「母原病」という言葉がありますが、母が原因の病気ということで、父親は仕事で家から外へ出て行くし、母親も、パートとか何がしかの理由で出て行って家にいない。こういう状況が現代社会には頻繁にあります。では日常生活の中で、誰が子供の教育をするのか。登校拒否、家庭内暴力、いじめ、非行、傷害、窃盗、人殺し、自殺、こういった問題の根源は、皆、家庭にあるように思うのであります。弱い子はいじめられ、強い子はいじめる。こういうことであります。母親の立場にある婦人には申し訳ありませんが、本来の大切な育てるという仕事を忘れないまでも手を抜いている。だから母原病なのです。要するに、母が原因の病気で、「家庭とは父厳しくて母優し俺んちはそこが違う違う」こういう面白い川柳を詠んだ子供がいます。お父さんが優しくてお母さんが強すぎる。お母さんは文句ばかり言って父親が頼りにならず、だらしなく、物も言えない。これがこの子の見た両親の姿であります。「家庭とは父厳しくて母優し」と、これがこれまでの日本の普通の家庭でしたが「俺んちはそこが違う違う」と言うのです。では、そういうお母さんは、どのようにお父さんを見ているかというと、「頼りない無力で何も言えず安月給、それで主人とよくも言えたり」とこう見ているのです。家の中はまるで逆になっていて、こういう両親の狭間で育つ子供達。これでは、この子供達が悪いのではなく、そういう子が成長するとどういう子になるかというと「親孝行したくないのに親がいる」と、こうなるのであります。これが今の世相で、これでは将来はどうなるのかと思わざるをえません。何が悪い彼が悪いというのではなく、親が悪いのです。そういう親たちが子供に見せる姿が子供をかくあらしめているのです。私達の信仰の中での目標である「成人の姿を形に現わそう」ということは、とても大切なことだと思うのであります。いくら成人しましょう、成人しましょうと口で言っても、それが姿に現われ出て来なかったら、子供には映りません。そういう子はどのように観察しているかというと「おばあちゃんを邪魔にしている母なのに親の言うこと守れ守れ」とこう言います。そんなことは俺に出来るわけはない、不可能だと。

かような川柳をいくつか拾ってみたのですが、これはあながち笑いだけではすまされない、どうしても私達が見つめていかなければならない現代社会の問題であり、縦の伝道は家庭にあるということだと思います。それを、学校がとか社会がとか、教会で教えてくれないとか、他に転嫁しているうちは、本当に子供に情操や信仰は伝わらないと思うのであります。私がちょっと手掛けた商人の子弟の例があります。

父親は魚屋をやっているのですが、これがどうしても跡を継ぎたくないと言う。一人息子で、私がフランスにいる時に写真家を目指してパリに勉強に来た。家は立派な魚屋なのに継ぎたくないというのです。「なんで君は父親の跡を継ぎたくないんだ」と問いかけたところ、「うちの親父は、魚屋というのは朝早いし、冬はほんとに冷たいし、」と言うのです。魚屋がお湯を使っていたら魚の鮮度は落ち、とんでもないことになり、どうしても、生きをよくしておくには氷で冷やさなくてはなりません。また、魚屋が午後から起きるようでは仕事になりません。「朝早いし、冷たいし、その上、儲からない。ほんとに魚屋っておもしろくない」と父親が愚痴るので「だから俺はそんな跡は継ぎたくないんだ」と言うのであります。それで「お前この店どうすんだ。俺が仕事できなくなったら、どうすんだ。せっかく代々受け継いでここまでの店にしたのに。これをどうすんだよ」と父親が言うから「どうするこうするったって、親父さんが嫌だ嫌だ嫌だって言っているものを、なんで俺がやんなきゃならないんだ」と、彼は自分の気持ちを告白したことがありました。

どんな嫌なこと、つらい苦しいことでも、子供に続いて来てもらいたいと思うなら、子供の前で、愚痴や不足、不平・不満の言動は慎まなければならないということを教えられた次第であります。この教えでは、子供を苦労して育てる理、これが親の理だと教えて頂いております。大変な中でも苦労して育てて行くところに、親としての理が貰えるのです。形の上で親であっても、ほんとに心の中で「親だな」と思ってもらえる親でなければ、理の親とは言えません。理の親というのなら、教会の上でも、実の親子の関係でも、本当の理の親にならなければならないと思うのであります。苦労して辛抱して子供に徳を残してやろうというのが、親の理なのだとお聞かせ頂いております。

《子が満足して親と言う。どんな事も、成らん処育てるが親の役、親が腹を立てゝはどうもならん》

（M31・11・13）

と、「おさしづ」頂いております。親の方が先に不足を言ったり腹を立てている場合が多いのではないでしょうか。親の言うことを聞け聞けと言いながら、おばあちゃんに腹を立てている。そのくせ、自分の子供には、親の言うことを聞け聞けと言う。これでは辻褄があいません。成程という理も貰えません。教祖の「縦の伝道」と申しますか、そのひながたは、秀司様とこかん様にあると思います。どんな赤貧の中でも、どんな苦しい時にでも、感謝と喜びを、必ずお子さん方に教えているという、この心であります。私達は得てして物や金を与えていれば、それで幸せを与えていると錯覚しがちであります。しかし、物や金銭だけでは心は幸せにはならないことを『御伝』から学ばして頂くのです。食べる米やものがない時でさえ《水を飲めば水の味がするではないか》と健康の真の喜びなど、常に喜びの心をもって通ることをお子様方に教えられた教祖のひながた。

これこそが縦の伝道の要ではなかろうかと思うのであります。

《親という子、子の煩いは親の煩い、親の煩いは子の煩い。これしっかり聞き分けく》

（補遺　M35・9・21）

親が煩うのも子が煩うのも同じで、子が煩えば親が煩うのも同じであります。二代真柱様は《親子孫三代で一代という》と、自分一人が一代ではなく、子、孫、と三代で一代になるのだとご教示くだされ、私達は、この遠大な目標に向かって、この道を親から子へ、子から孫へと伝えていかなければならないと思う次第であります。

「親の心は神心。神の心は親心」とも言われているとおり、この教えは「親心」を形成していくことであります。親の立場にある私達は、それぞれ親心を満ち溢れさせて、次代を担う若人に、この道の素晴らしさを一言なりとも姿・形を通して伝えていくことではないでしょうか。

過日の新聞に、いじめについてのこういう記事が載っておりました。「いじめの根源は家庭に」という題名の記事ですが、今やこのいじめは、流行にすらなっている感もあり、大きな社会問題でもあります。「いじめの主たる原因は、家庭の中にあると考えます。つまり、家庭の中での教育や躾が十分になされていないことに加え、家庭にいることを子供自身が楽しいと思っていないことがいじめの根源にある」と、そして、「家庭の中の様子は外部からは見えません。しかし、我が国の、特に都市部の家庭では、親たちが多忙で疲れてしまい、不安定な気分になっていることが多いのではないでしょうか。教育を家庭の外に委託するための莫大な費用、やれ塾やら家庭教師やらには支出するが、親と子供が穏やかに話すことは少なくなっているのではないかと思う」と、東京国際大学の性格心理学の詫磨教授は述べております。さらに、各家庭の状況に触れ、「個室の中で豊富な品物に囲まれているが」やれＣＤだ、やれテレビだパソコンと、ありとあらゆるもの、機材はそろってはいますが「親との交流は少なく子供の心は満たされていません」。これがいわゆる家庭崩壊につながるのです。

親の立場・子の立場

人間、時を経て、子供から大人へと成長するのですが、成人するということは、身体の上からも心の上からも大人になっていくということであり、親神はその辺をしっかりとお教えくださっているのであります。

この教えでは、子供の事情・身上は十五才までは親の心遣い・親の心通りとお教えくださっており、十五才を過ぎたら自分の責任、という点を明治二十一年八月三十日の『おさしづ』でご教示くださっております。

《さあ〳〵今までは親子の契りも結び、繋ぎ来たるなれど、さあ〳〵めん〳〵に心通りに通してやる。（中略）さあ〳〵小人々々は十五才までは親の心通りの守護と聞かし、十五才以上は皆めん〳〵の心通りや》

この『おさしづ』が原点であります。十五才までは親の心通り、十五才を過ぎたならば、それぞれ一人一人の心通りと、このようにお教えくださいます。私はなぜ十五才で区切るのだろうかと長い間思案をしてきましたが、昔の十五才は元服といって、男子の成人式のことで、一人前の人間・大人として扱ったということであります。今の世の中では、二十歳が成人式ということになっておりますが、体は十五才で殆ど完全に整うと言われております。この点を親神はおっしゃってくださっているのではないかと思うのです。どういう点で完全に整うかというと、免疫学から胸腺という免疫の貯蔵庫が一応成熟し、完成するのが十四、五才だそうであります。免疫が総て整い、外からの色々な外敵である細菌等を全て自分自身の体で駆逐できる、と医学的に言われております。神はそんなことはおっしゃってはおりませんが、ぴったりと合うので「成程」と思わせて頂きます。《十五才までは親の心通りの守護》と聞かす。十五才までは親が色々と心を使い、家庭の中での夫婦の間でも親子の間でも、陽気ぐらしに添わぬ心を使っていくと、その皺寄せがみな未熟な子供に現れ出るということをお教えくださるのです。陽気ぐらしに添わぬ様子を見聞きする。それが完成していない子供の体に影響し、それは親の責任なのだということをお諭しくださるのです。しかし、十五才になったならば、《十五才以上は皆めんくの心通りや》と、既に親を離れ、それぞれの心通りに守護をしていくとお教えくださり、この『おさしづ』を通してそう悟らせて頂くのであります。前にも述べたが、

《古き者親という。子は何人ありても親は一人。為したる事はどうでも立てねばならん。親がありて子というは、親が賢うても、子は鈍な者出けるやら知れん。子は、親が鈍な者やと言う者があるなれども、何ぼ鈍な親でも、親があればこそ。年が寄れ

ば鈍な者や。鈍な者でも親というもの大切なものや。（中略）親というものはどれだけ鈍な者でも、親がありて子や。子は何ぼ賢うても親を立てるは一つの理や。》

（M22・10・14）

どんな愚鈍な親でも、子供は親を立てて行かなければならないことをお教えくださり、それは、親がありて子があるという天の理の順序の道だからであり、この点を子供の立場の者は心しなければなりません。特に今の若い人の中で、自分の目から見ると、うちの親はちょっとこういうところが愚かだとか鈍いなという所があるやもしれませんが、しかし、親ありて我ありということで、親を立てて行かねばならないことを心得ねばならないと思うのであります。

《何も彼も皆いんねん同志、いんねんという。親子の理、いんねん理聞き分け、善い子持つも悪い子持つもいんねん。》

（M34・3・11）

このいんねんを切り替えて行く、立て替えて行くところに、この道の素晴らしいところ、また意義があるのです。唯いんねんを知った、悟ったというだけでは修正、切り替えにはなりません。まず悟るということが大切ですが、悟ってからどうするかが問題なのであります。いかに切り替えて行くか。例えば、自分は勉強ができないと知る。そう思ったら、それからが問題で、どう対処して行くかが正念場であります。このように『おさしづ』を悟り、そして、いんねんを自覚し、それをいい方向に切り替えて行くこと、そこからが本当の信仰の力だと思います。

《子に掛かれば親という。子の煩いは親の煩い、親の煩いは子の煩い、（略）》

（M35・9・6）

子が煩っても親は辛い。また親が煩っても子も辛い。まさにご神言のとおり、親の煩いは子供にとっても煩いなので、その自覚をして、親子共々に精進していくことが大切なことをお教えくださっています。

《さあさあ神さん〳〵と思うやろう。神は何にも身を痛めはせんで。さあ〳〵めん〳〵心から痛むのやで。めん〳〵の親の心に背けば、幽冥の神を背き〳〵て、まる背きとなってあるのやで。めん〳〵の親が言う事に、悪い事言う親はあろうまい。身上に不足あれば、この理を諭してやってくれるよう。》

（M21・9・18）

身を病んでいる人がいれば、「親不幸」と説くのは、こういうところからだと悟らして頂きます。それぞれ誰にも皆親があり、既に親は出直し、今はいない場合でも、親に喜んでもらえなかった親不幸を、早くお詫びし、亡き霊に喜んでもらうように努めることであります。「幽冥」とは、「目に見えない、人間には分からない」という意味です。親に喜んでもらえない、孝行しないということは《幽冥の神を背き〳〵て》となり、親の心に背いてはならんということであります。それがどんな親でも、どんな愚鈍な親でも、親に背いてはいかんと、このようにお教えくだされるのであります。普通のしっかりした親だったら、背くどころか感謝しなければならないと思うのです。健康で五体満足で、そして何の不足もなくこの世に生まれ出でさせて頂けた。それなら、まず親々に感謝をすることだと思うのであります。《親への孝行は月日・親神様への孝行》と、親に喜んでもらうことは月日への孝行になるからであります。《身上に不足あれば、この理を諭してやってくれるよう。》どこか患っている人があれば、この点を早く諭してあげて、心を切り替えるように、というのがこの『おさしづ』であります。

私達は、親ありて我々ありというところを学ばせて頂き、十五才未満の小さい子供がいる親は、子供が十五才までは私達・親の責任と、しっかり丹精をさせて頂き、十五才を過ぎたならば、育てられた子供は、これからは全て自分達の責任という自覚の下に、親を大事にし親に喜んでもらわなければならないと悟り、これが大切なことと思う次第であります。

懺悔とたんのう

この教えの道を歩む私達お互いは、ありがたいことに、身を病み事情に苛まれた時でさえ、頼りに出来るものがある。それは親神、教祖の守護であり、この道を極め、私達にそれを教えてくださった理の親、或いは先輩諸氏の道があればこそ、そういう中をも心を倒さずに通ることができると思うのであります。

私達は身を病むとすぐ治すことのみを考える。特にこの教えを聞いていないと、病と言えばそのことのみに気をとられ、治療することだけに専念するのでありますが、この道は病を治すことだけを考える道ではなく、同時に病を通して自分の考え方、通り方の不自然さ、或いは我が身の脱線を正す、「病は敵ではなく心を直す恩師である」という譬えの如く、私達はこの点に心を結んでいかねばと思うのであります。それについてどうしても必要なことがあり、それは何か。

ところで、私達はこの教えを求め歩んでいるから、絶対に事情や病に苛まれないということはなく、そういうことも多々あると思います。ではその時に何を私達は心したらいいかとなると、所謂「さんげ」であります。もちろん仏教にもキリスト教にも懺悔があり、これ無くして素晴らしい教えとは言えないのであります。それ故に、道を通る私達が懺悔無しで道を通るということは、本当の意味で道を通っていることにはならないのではないでしょうか。

『懺悔』とはどういうことかというと、反省とは違います。反省とは「自分の今日までの言葉、行い、自分の在り方についての善し悪しを考えること」であり、懺悔とは「これまでの罪や過ちを神の前で悔い改める宗教的に使う言葉」で、法律などでは「改悛」と言っております。例えば、罪を犯して悔い改めている様子、姿を見て、裁判官は「改悛の情があるので減刑する…。」とこのように被告に言い渡します。改悛は懺悔と同じであります。懺悔というと何か重苦しい響きになりますが、同じ意味なのであります。神は、

《口のさんげは要らん。（中略）一度二度の理は許す、三度の理は許さん》
（M24・11・15）

と厳しく諭されているのであります。

では、さんげはなんのためにするのかとなると、それは、悔い改めることでありますから、ただ口で言って心を改めるだけで、行為に及ばなければ意味がないことになります。

今ここで私が申し上げたいのは、私が全てを分かっていて、さんげも何も皆出来ている

ということではなく、私自身にも言い聞かせながら、求道の意を持って述べているということをお分かり頂きたいと思います。

《さんげだけでは受け取れん。それを運んでこそさんげという。》（M29・4・4）

と、神はお教え下り、「運んでこそ」ということは実行してこそということであります。さんげをし、「今まではこうでありました、これからはこうなります、将来はこうして行きます」と、さんげを実行してこそ本当のさんげになるのだということをお教え下さっています。ところが私達は錯覚をおこして、言葉や心でさんげをしただけで、全てを成し遂げたと思い込み、神は受け取ってくれて守護があると思いがちになります。実行しなければ神は勿論、人でさえ認めてはくれず、それ故に《口のさんげは要らん》と言うのであります。

《皆腹の立つ処さんげ。腹の立つ処立てんようさんげ。善い事思わんから腹が立つ。皆さんげという》（M32・10・2）

《さあく内々の旬、身のさんげ心のさんげ理のさんげ。どうでもこうでもせにゃならん》（前同）

と、腹が立ったら腹を立てっぱなしにしないで、不足をしたら不足しっぱなしにしないで、さんげする。恨んだら恨みっぱなしにしておいては、それでは信仰しているとはいえず、解決にもなりません。もしや腹の立つことに直面したら「あぁ、これは私の身の不徳」。或いは「私にはそういう相手しか与えて頂けないのだ」と、腹の立つことに対してのさんげをしなくてはならないということであります。

また、身のさんげですが、どういう身のさんげをするかですが、日々の生活の中で教え通り暮らしているだろうか、神の言われるような陽気ぐらしになんとか近づこうと努力しているだろうかと先ず反省をして、それで違っていたら、改めることであります。そしてまた、信仰者としての身のつとめ、身の動きは出来ているか。例えば、教会に運んでいるか、つくしているか、人を救ける働きをしているか。或いは親として、子として、また夫として、妻としてそれぞれの立場にふさわしい歩み方をしているかどうか。もしふさわしい通り方をしていないという反省がついたなら、それを改め実行することが、「さんげ」であります。そして、最後は人として人を救ける心があるや無しやを反省し、「私は人を救けるという心が薄いなあ。あるかもしれないがほんのひとかけらだなぁ」と気が付き、反省をし、悔い改め、人を救ける実行に身を移すことが身のさんげであります。

では、心のさんげはといえば、教えに則って、日々誠の心を持って暮らしているかどうか。心のさんげとは一口で言うならば、誠の心があるか無いかであります。誠の心については、すでに述べてまいりましたが、誠の心とは「仲良くはこれ誠、内々睦まじいは誠、育て（る）は誠、堪忍と言うは誠、成程と言わすが誠、人を救けるが誠、真の誠はたんのう」と、誠について今いくつか申し上げましたが、さあその中で、たとえば自分の思いや都合に合わなかったらすぐ諍（いさか）いを始める、それでは誠真実なぞ無いことになり、それでいてこの道の教えを信仰していると言うから誤解されるのであります。

さて、さんげとたんのうとの関係ですが、さんげとたんのうは切っても切れない密接な関係を持っている教えだと悟るのであります。さんげをしたらどうしてもたんのうをしなければならず、たとえ理不尽なことであっても、また、不足を投げかけてくるような、我が心と合わないような人が居ても、そこで腹を立てたならば、たんのうの実行にはならず、真のさんげは原因の是非では無く、自分自身が埃り心を使ったことを悔い改めることであります。何をもって悔い改めるかといえば、たんのうの心をもって悔い改めねば、悔い改める術も無いし、そして続きもしません。故に、さんげとたんのうとは切り離せない教えだと言えるのであります。逆に、たんのうが出来なければ、いくらさんげをしてもさんげの理の守護、効能は無く、それは口だけのさんげにすぎなくなるのでありますます。《三度の理は許さん》とはイソップ物語の狼少年の話と同じで、たび重なる嘘は、神も人も嘘としか認めず、嘘を言うその者自身が嘘の塊になることを、神は諌めているのであります。

では、理のさんげとはどういうことか。身のさんげ・理のさんげをすることによって、「何んで私はようぼくとして人を救けることが出来ないのだろうか」「何んで私は信者として教会に運ぶことが出来ないのだろうか」と、それを段々と突き詰めていけば、我が癖性分が浮き彫りになってくるし、その原因も分かってきます。例えば、私は我が身の思案が強くてとか、或いは、物事を面倒くさがる、自分の都合は優先するが信仰は後手、後回しにするといった癖性分、心がはっきりと見えてくる。さすれば、嫌が上にもさんげの焦点が定まり「あぁ、我が癖性分は何たることか」また「あぁ、我が心の何と痩せていることか」等々。そこで自ずと「あぁ、これでは理に反し、教えに反し、教えから逸れているのだ」ということが分かると思うのであります。これが理のさんげで、神はさんげをすることによって、より良き、煩わしいことのない、幸せな、身上という事情も、或いは事情そのものも起こってこないような守護に導いてくれると悟るのであります。特に病んだり、事情に苛まれたら、さんげは必然のこととして我が心も身も、教えという理に添って改めるしかないのですが、そのさんげもしないで守護を頂きたいと思うことは無理な願いなのであります。

『みかぐらうた』に、

六ッ　むりなねがひはしてくれな

ひとすぢごゝろになりてこい　（三下り目）

と。改めるということは今の状態ではだめだから、今までの自分を変えることであり、さんげは理の定規に沿って悔い改めることであり、これをしなければ、守護を頂く糸口をも掴めないと言えるのであります。そして、神は、

《たんのうは前生のさんげやと》（M23・12・27）

《世上見てたんのうと心定めば、たんのうはいんねんのさんげである。》（補遺　M24・1）

と、たんのうはさんげに通じることをお教え下さっています。そこでたんのうする手初めは先ず辛抱すること、耐えること、と申し上げたいのであります。大変で嫌なこと、都合に合わないこと、面倒臭いといった諸々のことに、文句を言わないで辛抱すること、耐えること。それでいいのです。そして、そういう中でも不足をしないで、腹を立てないで、これでいいのだと埃り心をねじ伏せ、言い聞かせ、なんとか生き生き、陽気に向かう活路を見つけ出して通ることがたんのうと、私の場合、身上壮健ならばこれしきのことはたんのうせねばと、身の壮健の守護にたんのうの心を結び、日々の中で、それが、さんげに通じることと悟り心がけているのであります。

《世界大恩忘れ小恩送る、というような事ではどうもならん。この順序早く聞き取って、

心にさんげ、理のさんげ、心改めて、ほんにそうであったなあ、と順序の道を立ったら、日々理を栄える。》（M34・2・4）

と、さしずして下さっています。大恩とはどういう恩か。私達はついつい目に見えることを大恩と思いがちで、何かをくれた、してくれた、大変な時に手を貸してくれた。勿論そういう恩も忘れてはなりませんが、それは小恩にすぎず、大恩とはそういう恩ではなく、人が救けてくれる、いろいろ手を携えてくれることは、神から見たら、これは小恩であり、大恩とは日々無事に生かされているということであります。瞬きひとつ、呼吸ひとつこんなに大変なことはありません。呼吸が苦しい時に一呼吸一呼吸を意識することぐらい大変なことはありません。日々生かされている、何にも意識しなくても息ができ、何にも心配しなくても夜休むことができる。人によっては、夜寝られず夜の訪れに恐怖を抱き、薬に依存し、お金を払って寝なければ寝られないで苦しんでいる人もたくさんいます。ところが私達は、薬も使わず、横になればすぐ休ませてもらえる。こういう天然自然の理の大恩を忘れてはなりません。《この順序早く聞き取って、心にさんげ、理のさんげ、心改めて、ほんにそうであったなあ》と、大恩、小恩の順序を入れ替え直したなら、日々神の理が栄えるとお教え下さるのであります。先程も申しましたが、仏教でもキリスト教でもすばらしい教えには必ずさんげの教えがあります。この教理が無かったら教えにはなりません。反省する、改めることが無かったら、人々が共に陽気に向うことはできないのであります。この懺悔の守護、その功徳の大きさを、仏教では次のように表しています。

『さんげには三年の罪も滅ぶ』

と。即ち、さんげ、我が身と我が心を悔い改めるならば三年に及ぶ罪も消滅すると。故に、早くさんげをした方がいい、さもなくば、積もり重なってどうにもならなくなってしまうと。

『さんげは罪の半ばを滅す』

とも。

『論語』に於ては、

『過ちて改めざる、これを過ちという』

と、罪過の根源を指摘し、反省と改悛、即ち、懺悔を促してくれているのであります。

この道の教えでも、先ず反省をし、そしてさんげをしていくところに、親神の守護が、私達に歩み寄って来てくれるのではないかと。

守護を追いかけるのではなく、守護が独り歩きをして来るような、そんな日々の通り方をして行きたいものと、願う者の一人であります。

「二つ一つ」から悟ること

この教えでは「理」ということについて色々とお教えくださっており、「誠一つが天の理」「順序一つが天の理」また「成ってくるのが天の理」など、それぞれ深く悟るところがあるのですが、「二つ一つが天の理」ということですが、例えば、心地よい春の気候、この春や秋が嫌いだという人はまずいないと思います。どうして私達は春や秋を好むのか、それは、ちょうど気温が二十度前後で、私達人間にとって一番凌ぎ易い温度であるからなのです。人間の体温と外気とがバランスよく釣り合っているから、気持ちがいいのです。このバランスということが大切だと思うのです。日本語でいうと、均衡とか調和で、この調和がとれないと、いわゆる不快とか不自然ということになります。自然界は全てバランスで成り立っており、花に蝶、汚物に銀バエ、と言うように、私達が花になるか汚物になるかによって、寄って来る物が違うので、花になることが大切なことだと思うのであります。自然界だけでなく、形でも縦横のバランスのとれた寸法を「黄金分割」と言い、一番バランスのとれた形で、調和感や落ち着いた感じを与えると言われる縦と横の寸法の比で、約1.618対1の比率で、古代ギリシャ以来最も調和的で美しい比とされ、一時期のハガキの寸法がこれであったそうです。見ていて、とても落ち着く安定のある形、縦と横の二つ一つの調和であります。

夫婦も、非常に似合いの夫婦というのは安定していて、バランスがいいのです。お互いに相手を立て合い、見ていても見苦しくなく、気持ちが良いのであります。ところが、非常にバランスの悪い、醜い夫婦もいます。相手にケチばかりをつけ、文句ばかりを言うので、傍で聞いている方も居心地が悪く落ち着かない。そういう夫婦の皺寄せは子供にきますし、子供を見れば、どんな親夫婦であるのか、バランスがいいか悪いかが分かります。バランスの悪い夫婦の間に育った子供は、落ち着きの無い、不安定な子になりがちで可哀想です。夫婦も二つ一つだと思うのです。

私達のかりものである体も全て調和で成り立っており、自律神経はと言えば、交感神経と副交感神経という相反するものが二つ一つで私達の体は調和がとれ、素晴らしい機能が発揮され保たれているのですが、その調和が崩れると所謂自律神経失調症という病に陥り、息切れ、めまい、不眠や嘔吐などの諸症状が現れ、日常生活ができなくなってくるのであります。また私達の体を使い過ぎると壊れます。使い過ぎとは、何も体そのものを酷使するということだけではなくて、胃や腸や肝臓、即ち内臓を使い過ぎることも含めてであります。のんべえは、自分の欲で体にアルコールを大量に入れ、それで、肝臓を使い過ぎ、肝臓をやられる。逆に、使わなさ過ぎも良くありません。ちっとも体を動かさないので、動かさないから段々筋肉が落ちて来て弱り退化してしまう。ほどよくバランスよく使うことが大切なことであります。飲み過ぎや食べ過ぎも胃や腸、肝臓や腎臓に負担をかけます。体内に入れた物は消化しなければなりませんが、限界があります。それで、逆は拒食症にその典型を見ます。段々食べられなくなり、いろいろな所に障害が出て来るので、バランス、調和が大切ということになります。

おつとめの第二節『ちよとはなし』の中に「ぢいとてんとをかたどりて　ふうふをこしらへきたるでな」とあります。「ぢいとてん」は二つで一つであります。それをかたどって親神は「ふうふ」を拵えた。相反するものがあって調和しているのが自然なのですが、私達は全てにバランスをよくするという心がけが大切だと思うのであります。相反するものがバランスよく行った時に第三の世界が生まれ、これが天然自然の世界で、非常に安定するのですが、ところが人間には心があるから、そこのバランスを崩しがちになります。《さあく世界の理、神の理と二つ一つに胸に治め。》（M21・9・30）という『おさしづ』があり、「世界の理」即ち、世上の理と「神の理」と二つあると。

《世上の理は今までにも何処にもある。急がいでもくよいく。神一条の道はどうでも付けにゃならん、付けさゝにゃならんく。》（M21・9・30）

この神一条の道だけはどうしてもつけて教えて行かなければならないということであります。

《さあ〳〵皆んな揃うて、日々に心が勇めば、神も勇む》（M21・9・30）

と、二つ一つの理について言われています。世上の理と神の理とがあり、神の理をつけることによって、ちょうどバランスがよくなるとお教えくださっているように悟るのであります。

《内々家業第一の勤めの理である。又互い〳〵の真の孝心の心これ一つ、二つ一つに治めて》と。（補遺 M21・10・29）

《日々家業第一内々互い〳〵孝心第一、二つ一つが天の理と諭し置こ。》（補遺 M22・11・11）

働くことと尽くしていく心、これで二つ一つになるので、一生懸命働くだけではなく、「孝心」即ち、自分のことはさておいても親に尽くしていく純な心がなければならないことをお教えくださっているのです。家業第一に考えて働き、そして、尽くす心を持つことで二つ一つになるのです。

「おさづけ」を戴くと「おかきさげ」を戴きます。その「おかきさげ」にもこの事はお教え頂いております。

《内々事情の理、めんく事情の理に治め。又一つ、第一の理を諭そう。第一には、所々に手本雛形。諭す事情の理の台には、日々という、日々には家業という、これが第一。又一つ、内々互いく孝心の道、これが第一。二つ一つが天の理と諭し置こう。さあ、これより先永く変わらん事情に。》

二つが相寄って「二つ一つ」で「天の理」に適い、それを心して日々を歩んでくれるようにという神の思いなのであります。バランスよく生活してくれということでもあると思うのであります。反対に、自分のことばかりを考え思案して暮らしていくと、心のバランスを崩し精神障害という身上（病）になりかねないことにもなります。他のことや人のことを考える人で、精神障害になる人がいるでしょうか。

救かりたいという心と救けたいという心、これでバランスがとれるのですが、殆どの人、九割方の人が救かりたい心だけで、人を救けたいという心の人は、ほんの一握りで、ひょっとしたら私達「よふぼく」ですら、救かりたい、ご守護を頂きたい、そういう心の人の方が多いのではないかと思うのであります。教祖は、というと、教祖は救けたい心だけで、この点が違うところで、私達が十人いれば九人までは救かりたい人だと思うのですが、勿論人を救けたいという心の人もいます。私達はこの人を救けたい側に入らなければ真の「よふぼく」とは言えず、常に救けたいという心を意識して持つことを実践しないと、無意識のうちに救かりたいと考えがちになってしまいます。意識して救けたいという心を常に持って、ちょうど救かりたいという心とのバランスがとれるのではないでしょうか。教祖が言われる「人を助けなされや」ということは、気が付くと、我が身のこと、我が家のこと、我がご守護のことばかりを考えてしまうので、それではバランスがとれず、救けたいという心を常に意識して持ちなさい、とお教えくださっているのではないかと悟るのであります。

私達は「よふぼく」として、救けたいという心を何とか「形」に現わしていかなければなりません。さもないと、救けたいという心は瞬時に消えてしまいます。この救けたいという心を「形に現わす」ことが「にをいがけ」であり「おたすけ」であり、常にそういう心を持って、どこかに救ける所はないかと探すことによって「広い世界のうちなれば　助ける所がままあろう」（五下り目一ツ）と、救けるところが見えてくるのであります。身は病んでいなくても、心を病んでいる人がたくさんいます。今、特にこの世相、心に穴が開き、何か満たされない、心の空洞化の時代とも言われているこの世相を見詰め、我が子は、我が周囲はと思いを馳せることが必要だと思うのです。こちらの心に穴が開いていたのでは周囲は見えませんから、しっかりと内なる心と外に向かう心、二つ一つを心に治めて、我が心を明日に向かってバランスよく仕上げて行くことが大切です。

「守護・りやく」について

さて、私達が信仰をしていく中で、関心が深くあるのは、神の守護ということではないかと思うのですが、「守」は「まもる」ということで、「護」は「まもる」とも「まもり」とも意味し、これを両方併せて守護なのですが、「まもるからまもりが戴ける」と悟るのであります。何をまもるかというと言うまでもなく、親神の言われること、教えをまもるから、親神のまもりを戴けるということであります。まず守護を大きく分けて、広義の守護と狭義の守護があるように思うのであります。広い意味のご守護とは、

　にんけんをはぢめかけたハうをとみと
　これなわしろとたねにはじめて　（六―44）
　このものに月日たいない入こんで
　たん〳〵しゆごをしゑこんだで　（六―45）

人間を創造するために、神の「まもり」、これを教えこんだと、所謂この教えの元の理であります。そして、

　それよりもむまれたしたハ五分からや

五分五分としてせへぢんをした　（六―48）
このものに一どをしゑたこのしゆごふ
をなぢたいない三どやどりた　（六―49）
このよふのしんぢつの神月日なり
あとなるわみなどふくなるそや　（六―50）
そのものをみなひきよせてたんぢやい
にんけんしゆごはぢめかけたら　（六―84）
ないせかいはじめよふとてこの月日
たん／＼心つくしたるゆへ　（六―85）

と、親神は人間を創めることで、うをとみとを寄せて、これを苗代と種として人間を形作り生命を機能していく守護を教え込んだ。そして私達は、今日こうして人間として存在していられるのであります。

このみちをしりたるものハさらになし
月日ざんねんなんとをもうぞ　（六―86）
こらほどにをもてはしめたこのせかい
月日の心なんとざんねん　（六―87）

月日よりたんく心つくしきり
そのゆへなるのにんけんである　（六―88）

こうして無い世界や無い人間を創めた月日親神の目的やその思い、これをしっかり分かってもらいたいと。広い意味での守護とは、私達が今こうしている全てが神の守護を頂いているということであります。ところが、ご守護というと私達は、自分の都合とか勝手に合うことが、ご守護があるかのように思いがちですが、それは狭義、狭い意味での守護であり、大きい広い意味での守護は、私達がたとえ病んでも、出直す（死の）寸前でも、否出直しても、ご守護を頂くということなのではないでしょうか。その意味で、基本的には皆、一人一人、どなたも等しく、親神の守護を頂いているということであります。まして生かされているということは、守護があるのだということを、もう一度噛み締めねばならないと思うのであります。これが広い意味での守護であり、それが分かれば、後は感謝と御礼と報恩であり、日々私達が生かされているということは、偉大なる神の守護を頂いているのだと。

次に、狭義の守護、所謂「りやく」を私達はついつい願いたくなるのですが、それは私達の勝手やら都合によって願う場合が多いのであります。所謂それをご守護と勘違いしている場合が多いのですが、親神の守護と、私達がご守護と言って守護を願う、その守護の差があるように思うのであります。例えば、仕事が順調に行くようにとか、縁談が相い整うようにとか、或いは人間関係がうまくいくようにとか、受験に合格するようにとか、限りなく色々と自分の勝手都合を願いますが、それに適った時がご守護があったと、このように私達は思いがちであります。ところが、試験に落ちてご守護ということもあり、私も受験に失敗して、今振り返るとそれが逆にご守護だったと思えるのでありトンます。これが、トントンと行っていたら、いろいろなことを学ぶこともできなかったでしょうし、失敗した人を同じ気持ちで丹精もできなかったでしょう。親神の本当の守護とは、時がたってみないと分からないものであります。縁談もそうであります。縁談が破れたからと言って、神の守護がなかったと思いがちですが、その人と縁がなかったことが、後々のためになるという場合もあるのです。私達の勝手都合に合うことを守護と思っている場合が多いのですが、すべてが親神の守護の中にあるということをもう一度見つめ直さねばならないと思うのであります。

『みかぐらうた』の三下り目

六ツ　むりなねがひはしてくれな
ひとすぢごゝろになりてこい

とありますが、無理な勝手な都合のいい願いはしてくれなと神は言われ、願うその前に、

神に対して一筋心になって来いと。五下り目、

四ツ　よくのないものなけれども

かみのまへにハよくはない

と、これは、欲のない者はいないのはよく分かっている。皆欲があるであろうが、神の前には欲はないはずなのだが、私達が今言うような、自分の都合に合う、自分の勝手に沿うような願い事ばかりをしている、これは欲なのであると教示されているのであります。更にこれはどういうことかというと、我が身辺のことを願うことは、自分のことを願うことと等しく、欲になるということなのであります。我が身、我が家のことを優先して願う、これもいけないとは思いません。願って結構だと思います。しかしその前に、なぜ人のことを願えないのかと、これが情けないと神は言われるのではないでしょうか。自分のことを先行させる。これでは世界たすけにはならないからだとお教えくだされているのであります。そしてまた六下り目、

六ツ　むしやうやたらにねがひでる

うけとるすぢもせんすぢや

と、要するに、自分の都合、自分の勝手をやたらに願い出る。どういう願いかというと、守護を頂きたいと願い出るのですが、しかし、その願いも「うけとるすぢもせんすぢ」

あると。親神がなされることは全て守護なのですが、しかし、そういう中でも、所謂「りやく」を与えてやろうと。「りやく」とは、利益と書きますが、俗に言う「利益（りえき）」とは違います。「利益（りえき）」とは、もうけとか、得をすることですが、「りやく」とは、神の慈悲や、人の善行、祈りが因（もと）となって生まれてくる恩恵や幸せや利益で、一口で言うならば、神の恵みであります。この恵みを頂きたい。こういうことだと思うのであります。私達がご守護を頂きたいということは、親神のこの恵みであります。

《神の道運ぶ中日々守護々々》（M22・2・3）

と。神が願う道を通らず、じっとしていて、神の守護、所謂恵みを頂きたいと、これが無理な勝手な願いになると思うのであります。

《これから掛かる細々守護の道は、十分付くであろ。今年に蒔いて、今年に取れようまい》（M25・6・15）

と、守護は十分あるであろうが、今年種を蒔いて、今年すぐに収穫できるということはまずない。しかし、《蒔かねば生えぬ》と言われるが如く、一見その時はつらい、苦しいが、しかし蒔かねば芽生えることはないのだから、蒔いたものは芽生えるから、守護の理の種をしっかり蒔いてくれと諭されているのであります。

《どんな所にをい掛かるも神が働くから掛かる。（中略）出るや否や危なき怖き所でも守

護するで通れる。何処其処へにをい掛かりたというは皆神の守護》

（M26・7・12）

《勇めば勇む。心の理に楽しみと言う。いかなる処も入り込むと言う。守護と言う》

（M26・1・29）

ご守護を頂く第一条件は、勇むことです。愚痴や不足を言いながら、ご守護を頂きたいということは、無理難題なことで、故に少々嫌なことがあろうが、不都合なことがあろうが、そういうものはねじ伏せてでも、勇めるもの、喜びや感謝に結び付くものを探し出して行く努力をすることによって「いかなる処も入り込むと言う。守護と言う」と力強く教えてくださっております。親神が守護を下さる条件を、私達はしっかり満たさなければと思うのであります。これが大切なことであり、それをしないで「ご守護頂きたい」と何年この道を通っていても、ご守護は頂けないと。ご守護を頂けないということは、どこか正していかなければならない所があるのではないでしょうか。それを次の『おさしづ』では

《人間心病み、人間の心を立てゝ神の理そこ退け。そこで、どうもならん理になる。暗がりの理を以て通るから、暗がりになりたら足もと暗がりになる。（中略）人間心立てゝ神の理薄なる。神の理薄なりて何の守護有るか無いか、よう聞き分け》

（M31・1・19）

と。また、誰彼隔てなく、一列にたすけ方、たすかり方を教えるから、しっかり受け止めてくれと親神は私達に「つとめ」について教示くださっております。月々の月次祭のおつとめに、また朝夕のおつとめに遅れる方が多いようですが、つとめの理合いを重く捉えて、ぜひおつとめをご参拝して頂きたいと思うのであります。

このつとめなにの事やとをもている
せかいをさめてたすけばかりを　（四—93）
このみちがたしかみゑたる事ならば
やまいのねゑわきれてしまうで　（四—94）
しんぢつの心しだいにいづかたも
いかなしゆごふもせんとゆハんで　（四—95）

と「しんぢつの心しだい」でどんな人でも、どこにいる人でも、守護しないということはない、守護するとお教えくださるので、しっかり「つとめ」をさせて頂きましょう。

かの菅原道真は

心だに誠の道にかないなば
祈らずとても神や守らん

と詠んでおりますが、真実誠の、例えば人を救けたいというような、誠の心、誠の道に適っているならば、あえて自分自身のことは祈らずとも、願わずとも、神の働き、守護はあるであろう。逆に、誠の心、誠の道に適っていなければ、いくら祈っても願っても、守護はないと。そこで私達は誠の心をもって、誠の道に添って通り、しかもその上、親神に祈り、願えば、尚のこと神の守護は頂けると、この歌からそれを悟るのであります。

目に見えない神の護りという大きな守護と同時に、所謂日々私達の身のまわりに現れてくる親神の「りやく」恵みを、十分に頂きたいと念じて、力強く歩ませていただきたいと思い願う次第であります。

「種」――喜びの種蒔きを！――

自然の摂理からも「蒔かぬ種は生えぬ」とよく言いますが、「種」というと私達はすぐ色々な草花の種、野菜の種といったように、植物の種を想像しますが、生物学的に言えば、「種」とは「成長すれば親と同じようになる小さな粒」ということになるのであります。動物に関しては、「子種」であるとか、その他「種」という言葉を私達は色々な所に引用しています。話したり、書いたり、考えたりするための材料を「話の種」とか「種切れ」というようにも使いますし、手品や奇術などでは、「種も仕掛けもありません」等々、そういう意味で、簡単に「種、種」と言っておりますが、色々な所で、それは何も動植物に限らず使っております。もう一つ、料理などの材料も「これは種がいい」とか「おでんの種」とか「すしの種」とかいうように。

ではいったい「種」とは何なのでしょうか。種とは、一口で言えば「元」であり「原因」ということでもあります。教祖は、しっかり種蒔きをしなされやとおっしゃる。しっかり元を作りなされや、結構になる因（もと）を作りなされやと、それを種を蒔きなされやとお教えくださっているのであります。

『みかぐらうた』七下り目に、

八ツ　やしきハかみのでんぢやで
　まいたるたねハみなはへる

九ツ　こゝハこのよのでんぢなら
　わしもしつかりたねをまこ

と。これは植物の種を蒔くということではなく、理の種を蒔くということですから、

十ド　このたびいちれつに
　ようこそたねをまきにきた
　たねをまいたるそのかたハ
　こえをおかずにつくりとり

と、教示されており、理の種を蒔こうではないかと。

また、十下り目にも、

四ツ　よくにきりないどろみづや
　こゝろすみきれごくらくや

五ツ　いつ〳〵までもこのことハ
　はなしのたねになるほどに

と。この話の種、救かる元は何かというと、ちょっと掻き回せばすぐ泥水のように濁ってしまうような、惜しむ心・憎む心・恨む心・腹立つ心・欲の心・高慢の埃心が私達の心にはいつも沈殿しているので、それを早く掃除をして出してもらいたいと。そして、心を澄みきらせたならば、この世は極楽になるということをお教え下さっており、早くそれを実行し、実現させれば、必ず救かる元、話の種になると。

そして、十一下り目に、

二ツ　ふうふそろうてひのきしん

これがだいゝちものだねや

と、夫婦二人の心をぴたりと合わせ、そして揃ってひのきしんをしていくならば、これが一家の、世の中の、社会の、全ての守護の種になっていくことをお教え下さっているのであります。

『夫婦喧嘩は貧乏の種蒔き』

という諺がありますが、四六時中夫婦が諍いをしていたのでは、豊かな家庭は生まれず、夫婦喧嘩をすれば、物が壊れたり、旦那はおもしろくないから、遊びや賭け事などの色々な無駄な事に走ります。女房は女房で、やはりおもしろくないから、衝動買いに行くとか浪費をします。それが夫婦喧嘩のストレスの解消だなんて…。ちっとも豊かにはならず、楽にはならないのであります。夫婦喧嘩をしたら、巷で一杯もやりたくなり、飲まなくてもいい酒も飲んだり、使わなくてもいいお金を使ったり、そういうことで浪費するわけであります。

さて、私達は日々種を蒔き蒔き暮らしているのですが、この種とは今申し上げたように「元、原因」でありますが、種にも、いい種もあれば悪い種もあり、私達はどちらかというと、いい種はあまり蒔かず、毎日、雑草のような種を撒き散らして日々を送っているように思うのであります。その結果、雑草が生い茂り、私達の日々は雑草の中で暮らしているようなもので、常に、いい種を蒔かして頂くことが大切なことだと思うのでありまます。人を喜ばせ、人を勇ませ、人を救けるというような種を蒔いていけばいいのですが、腹を立てたり、不足をしたり、恨んだり、そんな種ばかりを蒔いているような気がしてならないのですが、これではむさ苦しく、神の守護など戴けるわけはないのであります。

『おさしづ』に、

《日々嬉しい一つの種は、一粒万倍に成りて日々治まりて来る》（M24・12・19）

私達が日々、日を送る中で、嬉しい、ありがたい、結構という因（もと）をつくることは、万倍になって芽生えてくると。こういう種を蒔かなければと思うのであります。

《寄り来る処、日々種を蒔く、一つ種を蒔く。旬々の理を見て蒔けば皆実がのる。旬を過ぎて蒔けばあちらへ流れ、遅れてどんならん〳〵》（M22・7・31）

と、種と旬とは切っても切り離せない関係にあり、いい種は、旬を外したら意味がなくなり、悪い種は、旬を外した方がいいし、良いことは、旬を外さず種蒔きをすることであります。

この『おさしづ』の意味をしっかり踏まえ、自然界には四季折々に旬があるように、私達の日々や月々の中にも、また年々の中にも旬があり、その旬にふさわしいことをしないと、旬が生きてこないし、一人〳〵がそれを旬として捉え、種を蒔かねば何もならないということ、旬を捉えた人がその旬の理を戴けるわけで、旬と捉えない人にとっては、何の意味も価値もなく、ただ流れ去って行ってしまうだけだということ、そこで「どうもならん〳〵」と教示されていると思うのであります。そして、

《さあ〳〵朝はとうからどん〳〵風（ふう）も構わず走り歩き、寒い時は寒い装束、暑い時は暑い装束、扇使いでは種になるか》（M24・1・28）

朝は早くからなりふり構わず走り歩きなさい、扇で指図をしているようでは結構になる因はできないと、走れ、回れとお教えくださっているのであります。

《蒔いたる種は、神が皆受け取りて居る、受け取りた種は皆生える》

良い因も、良くない因も、神が受け止め、神が受け取ったことは皆何かの形で現れて来ると。親神が受け取った種は、皆生えるということを、お教えくださっています。

（M24・1・28）

《これまでの処、難儀苦労の道を通り来た。よう聞き分け。蒔いた種さえ、よう〳〵の事で生えんのもある。蒔かぬ種が、生えそうな事があるか》

（M24・2・8）

たとえ苦労の道を通って来ても、それがすぐに報われるような事ばかりではなく、なかなか結果が出て来ないこともある。だからと言って、苦労もせず種を蒔かなかったら芽が出ることはないと、理の世界の摂理を悟る次第であります。

《今年に蒔いて今年に生える種もある。そのまゝ腐る種もある。一つの理を蒔くには、種というは、選って〳〵選んで〳〵、選って〳〵蒔けば、一つの理も生えると言う。さあ内々しっかりこの理を聞き分けるよう》

（M26・10・12）

今申し上げたように、つまらない種をあちらこちらに蒔き散らかすのではなくて、種というものは、いい種、即ち嬉しい・ありがたい・結構という種を「選って〳〵選んで〳〵選って〳〵蒔けば」素晴らしい一つの理が芽生えるということを、しっかり聞き分けるようにと、『おさしづ』くださっているのであります。

《難儀不自由してこそ理の種と言う》

（M30・10・12）

世上、世の中でも『楽は苦の種、苦は楽の種』と言われていますが、苦労したら必ずそれは楽の種になり、逆に『楽しみは苦しみの種』と言っています。楽ばかりしていると、やがてそれが苦しみの種になるということに気が付かなければならないと思うのであります。

或る時ある方が、教祖に「種を蒔くとはどうするのですか」とお尋ねになった時、教祖は「種蒔きをしっかりせよ」と。そして「種を蒔くというのはな、あちこち歩いて天理王の話をして廻るのやで」と、親神の話をさせていただくこと、これが私達、この教えの道を歩む者にとっての至上の種蒔きであることをお諭しくださっているのでありま す。

ところで、私達はしっかり種を蒔かねばならないのですが、現状を考えた場合、一人 くがしっかり種を蒔いているかどうか…。つまらない種ばかりを蒔く、所謂雑草やら、どうでもいいような種を蒔き散らしてはいないだろうか…と反省をし、教えに沿わない種を蒔くと、むさくるしい色々な都合に合わぬものが芽生えて来るのだと、かく思わして頂くのであります。

今はどういう旬かを悟り、その旬に素晴らしい種を蒔かして頂くことで、理の種を蒔くということは布教活動に動き、徳を高めることに走り回り、報恩を実践するということであります。今日は明日の為にあるのであり、明日に向かって素晴らしい種を蒔く、そしてそれは「人をたすける、人をたすけたという種」は「一粒万倍の守護となって返ってくる」と思うからであります。

「根」について

―根を切る。根を張る―

一生懸命に物事をやるということはどういうことかというと、それは根を生やすことになるのであります。大教会の初代は「思い十年」ということをよく諭しておりました。急に思い立つのではなく、思い続けること十年ということで、何でも一生懸命に思い続けて十年やれば、必ず悲願は成就すると言っておられたことを思い出すのであります。そういう意味で一生懸命にやる、それは根を生やすことになるのであります。その根についてですが、「根」とは、

(一) どんな植物にも根があり、土からでている幹や枝とか茎などを支えたり、水や養分を吸収する所であります。また、

(二) 他の意味では、原因とか理由とか元、これが根ということであります。恨みの根、争いの根、対立の根は深いなどと、根という言葉で表現することが多いのですが、根とは、目に見えませんが、非常に深いものがあるのであります。また、

(三) 本来の人間の性質、性格を表す場合もあります。性格は、色も形もなく見えません

が、しかし、いろいろな所に、形となって表れ出てくる。例えば、根暗（ねくら）とか根明（ねあか）とか言ったように表面に出てくるのであります。『おふでさき』に、

ゑださきハをふきにみへてあかんもの
かまへばをれるさきをみていよ　（五―42）

もとなるハちいさいよふでねがえらい
とのよな事も元をしるなり　（五―43）

と、何事も原因、元を知らなければならないし、目に見える枝先のことで取り沙汰しているようでは解決にならないのであります。

このよふのもとはしまりのねをほらそ
ちからあるならほりきりてみよ　（五―85）

と、これは元という意味で、神が無い世界、無い人間を始めた根本を掘り探り知らしめたい意志なのであります。

このたび八月日元ゑとたちかいり
木のねしいかりみなあらハすで　（十―46）

私達にも必ずルーツと言って根があるように、この道の一番の根は何かと言えば、「ぢば」であります。そしてまた、根とは親という意味もあり、その意味で元をしっかり見

つめなければならないと思うのであります。私達は、子や孫にとっては元であると同時に、親々にとっては枝葉であり、即ち、現在ある私達は枝葉であると同時に根でもあるということであります。

諺に『根を断ちて葉を枯らす』とありますが、葉だけ枯らしても、また来年になれば芽が出、葉が出て来るので、本当にその葉を枯らしたいのならば、根を断ち切らなければ意味がないという教訓であります。『みかぐらうた』では、二下り目

五ツ　いづれもつきくるならば

六ツ　むほんのねえをきらふ

そしてまた、

七ツ　なんじふをすくひあぐれバ

八ツ　やまひのねをきらふ

と「根を断ちて」病という「葉を枯らす」ことで、病とは枝葉として捉え、その枝葉を枯らすには、根を断ち切って行くことが大切なことを教示されているのであります。即ち、『人を救けて我が身救かる』ということの教えを正直に、そして実行することなのだと。おたすけをしない教会長やよふぼくも、親神は何回かは救けてはくださるだろうが、人を救けて行かねば病の元の根を切ってもらうことはできない。それを早く悟って実践す

ることが大切であります。また、悟ってご守護頂くならば、殆ど全ての人が救かります。『実行なき信心は信心にあらず』とも言われるが如く、実行しなかったら絵に画いた餅と同じであると、これまた初代がよく言っておりましたが、絵に画いた餅では飢えを満たすことはできないのであります。

『水に源あり、樹に根あり』

と、水にも必ず源があるように、そして木にも必ず根があります。私達が見えるのは枝葉であって、目に見えない所でしっかり根をはっているのです。これがいい根ならいい。悪因縁という根だったら困る。悪い因縁だったら「根を断て」ば枝葉は枯れて来ます。因縁といって私達の目にとまる姿は、枝葉なのであります。その下には同じかそれ以上の根が張っているのです。

大教会の隣に防災公園があり、私が生まれる以前から太い大きい銀杏の木があります。その銀杏の目に見える枝葉を支えるには、それと同じかそれ以上の大きな根が張っているということであります。大風が吹く、台風が来る。その時、それほど大きな木を支えるには、それだけのしっかりとした根を地中に張っていなかったならば倒れます。私達の日々の暮らしの上で、いろいろな因縁の姿を見せられる。そしたらば、それと同じか、或いはそれ以上の根がある筈だと、このところを悟らねばならないのであります。逆は、

『根を養えば枝葉茂り、源濁らざれば流れ清し』

と言われる如く、全ては根本が大切であることを教えています。元が大切なので、徳と因縁、徳を高め悪い因縁を断ち切るということ、これが根を養うことにもなり枝葉は栄えて行き、そして、「源をきれいにする」とは悪因縁を掃除することで、流れは清くなり、子々孫々まで清流のようにきれいなまま流れて行くということであります。私達はいつも目先のことだけに捉われ、「困った、大変だ」と言うだけで終わってしまいがちで、そこで、この道の先輩方は「いんねんの自覚」が大切なことだと言われたのですが、今時は、因縁という言葉の響きも悪く、その上、色もなければ形もないから、受け入れられ難いのですが、自分の目の前を通り過ぎ行く、或いは自分に降りかかってくること、即ち「現れて来ることは因縁と悟れ」と教えられるように、この現れて来ることは因縁の枝葉であると悟らねばならないのであります。

《一つの根から又々芽が吹く。同し根なら同し芽やで。めんくの心を出さんよう。

同し根なら同し芽が吹く心出せ》（補遺　M20・12・3）

と、例えば、親に尽くし親に喜んでもらった、親に満足してもらったという根からは、満足させてもらえる枝葉が繋るでしょう。ところが親に残念、親に情けない思いをさせてしまったらば、そういう根からは、残念・情けないという芽が出て来るのであります。

人を喜ばせたら喜ばせてもらえるという芽が、人を嘆かせ苦しめたら、或いは嫌な思いをさせたならばそういう根からは、喜ばせてもらえない、嫌な思いばかりするという芽が吹くのであります。それには、深い根があるからで、相手を責めたり誹謗したり、他に転嫁しても解決にはならないことを悟り、天の理の芽が吹くような根をしっかりと張らすことであり、そして悪因縁の芽が出ないように、悪因縁の芽を枯らし封じ込めていくことであります。

《今までの処何でもく〳〵という精神受け取りたるで。何でもく〳〵と思えば根が差す。根が差せば、根から芽が出る。（中略）誠が心の錦である》（補遺 M20・11・18）

何としてでも、どうあってもという心。例えば、何とか力になりたい、或いは何とかこの人を救けたい、何とかこの事情を解決してあげたいという、何とかく〳〵という心には神が働き、そして「何でもく〳〵と思えば根が差す」と言われる如く、即ち根が張って行き、何でも、どうあってもという思い、そういう心、これが真実、誠で、「誠が心の錦である」とお教えくださっています。

《根に離れなんだら、どのような細い処からでも、どのように栄えるとも分からん。暫く細かい道から通り、心一つの理である程に》（M32・10・16）

根から離れたら枯れるにきまっています。ボキッと枝をはらう。これは枝が根から離されることで、まず幹から離れる。幹と根とは繋がっていますから根からも離れることになる。根から離れたら枝はどうなるか。枯れるのです。私達、道を歩む者にとって、その根は何かと言えば、「ぢば」であり、そして親であります。枝葉の栄えの守護を頂きたかったならば、「ぢば」という、また「親」という幹や根にしっかり繋がって行くところに、たわわに枝葉が繋って行く元があるということを心得ねばならないと思うのでありますます。故に、この教えや親から離れてはいけません。「根に離れなんだら、どのような細い処からでも、どのように栄えるとも分からん」とお教えくださり、私達には明日や先のことは分かりませんが、根に繋がっていれば必ず栄え、芽が出ることをお教えくださっている、力強いお言葉であります。

世の中にもいろいろな譬えがある中で、

『貰うた物は根が続かぬ』

と、苦労しないで得たものは、しっかり根付かないということです。反対に、努力し、自分が力を尽くして得たものは自分の身に付くということだと思うのであります。「親の徳」と私達はよく言いますが、親が築いた徳は半分と思い、自分でその徳を絶やさないように、また、継ぎ足して行くような努力をしなかったならば、身につかないと悟る次第であります。まず健康で日々を通らせてもらう、これは親のお陰であります。科学的にいえばＤＮＡ、そういう遺伝子を貰っている。これもありがたいことですが、頂いたものを身につけるようにするには、自分も努力して行かなければ、貰ったものだけで努力なしでは、二代三代目には、立ち枯れてしまいます。自分自身でも徳を高めて行かなければと、かく思案するのであります。

いい根をしっかり張らせ、そして病の根、悪因縁の枝は切る、枯らすということであり、徳という根、理の根をしっかりと張っていけば、子々孫々、先々まで繁り栄えると思案する次第で、理の芽を栄えさせて、因縁の芽を芽生えさせないように努力していきたいものと思う次第であります。

やわらかい心・かたい心

桜の花も満開、しのぎやすい陽気、目に沁みるような青葉若葉の素晴らしい新緑の春。こういう季節になると、人は不思議と明るい希望に溢れ、勇み、燃え立つものであります。青葉、若葉や枝葉が伸びていくのは、しなやかで柔軟性があり「やわらかい」からで、また柳や竹が風に靡くのは、やはりやわらかくて風に逆らわないからであります。

ところで、私たち人間には避けて通れない定めがあり、それは何かというと「老化」で、老化とは、歳を重ねていくと体の動きが衰えて、その現象としては、柔軟性即ちやわらかさがなくなり、それに代わって乾燥と硬化が現れてくることです。肉体的には、脚や腰ばかりでなく頭も固くなってきて、ものに関する対処、対応や感受性も鈍くなり、心までが固くなってくることであります。

いつまでも心の若さややわらかさをもって、心の若さを保ち続けたいものであります。

では、反対の「固い」とはどういうことかというと、人の生活に関しては融通がきかず弾力性のない、所謂「頑固」ということではないでしょうか。よく、年を取ると頑固になると言いますが、年を取ると体も固くなるが、心も固くなり、日々の暮らしの上に色々と支障をきたして来ます。若くても心が固い人もいますが、こういう人は精神的には年寄で、こういう人は伸びませんし、広がりもありません。なぜか。天然の理に沿っていないからであります。天然の理は、《木の芽がのびるのは、やわらかいから。若葉がひろがるのはやわらかいから》であり、心も同様にやわらかくなくては伸びませんし、広がりもありません。頑固とは「周囲の反対にもかかわらず、どこまでも自分の主張や思いを貫き通そうとする」ことです。「周囲の反対にもかかわらず」であります。周りの納得・思いを汲んで、その上自分の思いを乗せて行くと、頑固ということにはなりません。ところが、周りが「やめなさい」或いは反対に「やりなさい」と言うのに、それにもかかわらず、どこまでも自分の主張・思いを貫き通すこと、これを頑固と言い、一種の病で、例えば、そういうお父さんは頑固おやじといいます。頑固とは、頑なことであり、「我」というものに通じていると思います。頑固・我・勝手。これらは一線上にあるように思います。

「我」とは、「他から明らかに区別された自分」で、自分自身を主張する意識を「我」と言い、自己中心的な見方から離れることができないことを「我執」と言うのです。頑固とは、このようにどこまでも自分の主張を強く貫き通そうとする様子で、一見意志が強そうにも見えますが、意志が強いというのは、みんながいいと思うことを一生懸命曲げないでやることで、意志の強さと我が強いというのは、紙一重の所がありますから、気をつけなければならないと思うのであります。

芽の出ない種

《難儀不自由苦労艱難の道連れて通りて、種と言う。種無くして実はのろうまい。この理から万事聞き分け。これまで苦労艱難の種、種から積んで来て、それよりどういうものも生えるなれど、中に心の理によって生えん種もあろ。道という、道に我という理どうもならん。我は要らん（略）》（M30・11・27）

神は「我」で通る道、「我」で艱難辛苦の道を一生懸命通っても芽の出ない種であるとおっしゃるのです。難しいところです。「我」とは周りの不同意にもかかわらず、どこまでも自分の主張を通すことですから、周りの思いをよくくみ取れということではないでしょうか。自分の思いだけでつっ走っても、いくら一生懸命やっても、「我」では芽の出ない種であるとお教えくださっているところをしっかり心していかなければならないと思うのであります。

頑固と勝手

親神は「頑固」という言葉では教示しておりませんが、「勝手」ということで、しばしば戒めてくださっています。「勝手」と「頑固」は少々違うようですが、これも一つの線上にあるように思います。「勝手」とは、自分だけの都合を図ること。人の都合はどうでもよく、自分の都合を重くとらえ、自分一人の判断で、自分一人がいいと思ったら、それで「よし」とすることで、それを「勝手」と言います。あの人は勝手な人だとか、身勝手だとか、勝手気ままというのはそういうことであります。周りの思いをくみ取らないということで、この点で「頑固」とよく似ていると思うのであります。

《神が連れて通る陽気と、めんく勝手の陽気とある。勝手の陽気は通るに通れん。陽気というは、皆んな勇ましてこそ、真の陽気という。めんく楽しんで、後々の者苦しますようでは、ほんとの陽気とは言えん。めんめん勝手の陽気は、生涯通れると思たら違うで》（M30・12・11）

また、次の『おさしづ』をよく噛み締めて頂きたいと思うのであります。

《身の内の處では勝手という理は出せようまい》（M23・11・28）

例えば、私達がいくら身の内を勝手にしようと思っても、そんなことはできないということであります。身の内、例えば臓器は、一手一つで働いてくれていて、私達の意志や勝手ではどうすることもできず、身勝手、勝手気ままができるのは私達の心だけで、いくら有能な人でも無能な人でも、力があってもなくても、神のかしものである《身の内の處では勝手という理は出せようまい》と。

私達の身の内（体）は「かりもの」で、天然自然の親神の摂理のまにまに働いてくれているので、心は我がのものとして自由ではありますが、それ故に勝手をし、気ままをすると、身の内に於ける親神の自由（じゅうよう）の働きを損ねて行くのであります。

身上、即ち「病」というしるしをみせていただいたら、まず我が心に勝手はありはしないか、と我が心に矛先を向けなければならないと思うのであります。例えば、天の理に対して、親の立場にある者に対して、或いは伴侶に対して、家々内々の中で勝手はありはしないかと。勝手という理は怖いものですから、理に合わせて行くことが大切なことであります。

《勝手というは、人間心の道であるから、一寸にはよい。なれどいつくまでも治まらん》　（M24・5・8）

勝手も、人間であるが故に、ちょっとはいいと認めてくれてはいますが、先長くは治まらないことになるとお教えくださっています。

《前々諭したる道は、通らにゃならん。その理は通さにゃならん。勝手の道通りていんねんという。（略）［押して願い］（略）俺が〳〵というは、薄紙貼ってあるようなもの。先は見えて見えん。（中略）見ては強く堅いように見えるなれど、あちらかす〳〵、こちらかす〳〵、元々より堅き事は無い。（中略）勝手一つの理は邪魔になる》

（M24・5・10）（註、あちらかすは散らかすの意）

とお教えくださっています。自分の好き勝手な、自分の思い通りの道を通るという通り方が我がいんねんの道なのだと。私達日々何気なく生活していますが、勝手というものがいかに怖いか、いかに陽気ぐらしの邪魔になって行くかを悟らしていただけるのであります。

《めん〳〵勝手から怖わい道を通らねばならん》（M26・5・11）

勝手の道を通ることによって、所謂楽しい道、うれしい道、結構な道、陽気ぐらしへの道、これが通りにくくなり、勝手な道を通るということは怖い道を通らねばならなくなることをお諭しくださっているのであります。

勝手とは、先ほど申したように頑固につながり、頑固の反対は「素直」であり、素直とはひねくれたところがなく、人に逆らったりせず、或いはまた、癖のないまっすぐなことで、物でも道具でも人でも同じで使いやすく重宝がられ大事にされますが、反対に、癖があるということは素直ではなく、まして心に癖がたくさんあるということは、疎ましく思われ嫌われるのではないでしょうか。

神は素直がお気に入りで、「素直は人も好けば神も好く」と言われるように、やはり素直な人は神にも人にも好かれます。素直な心はやわらかく且つしなやかですから、伸びも広がりもあり、それは若さにも通じるということではないでしょうか。

信心、信仰、そして合掌

私達にとって欠かすことのできない「信心」と「信仰」ですが、「信心」とは、言うまでもなく「信ずる心、信じて疑わぬ気持ち」ですが、「信仰」となると「神などを信じ、崇（あが）め、尊（たっと）ぶ」ということであります。

そこで、私達にとっては、親神を信じる心が、信じて疑わぬ気持ちがあるかどうかであり、「信仰」となると、その神を、またその教えを教えてくださった所謂教祖を本当に崇め、尊ぶことができるだろうか、ということになるのであります。私達にとっては親神や教祖を信仰するということになるのですが、先ず信ずる心、即ち「信心」が最初で、そして次に崇め尊ぶ「信仰」ということになるのではないかと思うのであります。

『みかぐらうた』の中に六ケ所「信心」という言葉が出て来ます。

三下り目、

　九ツ　こゝまでしんぐしたけれど
　　もとのかみとハしらなんだ

今日の日、ここまで親神を信じて来たけれど、元の神・実の神・元なる親、人間を初め

として無い世界をお創めくださった元の親、そこまでは知らなかったということであります。五下り目、

五ツ　いつまでしんぐ〱したとても
やうきづくめであるほどに

と、いつまでも親神を信ずる心を持っていたとしても、常に陽気づくめでなければならないと。信心していても、不足・不平・不満を言っていたり、或いは、悩み苦しんでいるようではならぬことをお教えくださっているのであります。

明治35年3月14日の「おさしづ」に

《はあ結構やなぁ、一日の日楽しめば、あちらへ行きこちらへ行き、陽気遊びするも同じ事。心妬み合いするは、煩うて居るも同じ事。》

と、妬（ねた）み合う、そねみ合う、そういう心で日々を過ごすことは、煩っているのも同じことであると。私達、身体は元気で健康とはいえども、心はかなり病んでる部分があるのではないでしょうか。一日を「はぁ、ありがたかった、結構だった」と楽しめば、どこへ行っても陽気遊びをしてるのと同じことなのだと。互いに妬み合いするのは、体は健康でも、心は患っているのも同じことであるとお教えくださっています。そしてまた、

どうでもしんぐするならバ
かうをむすぼやないかいな　（五下り目）

どうあってもこうあっても、親神を信じて行く心があるならば、「講」即ち、毎月日を定めて、寄り合って相親しみ、相互いに信心の恵み・守護を語り合い、本当の誠を映し合う、そういう場所、「講」を結んで行こうではないかと。所謂教会も「講」と同じですので、故に、教会で不足を言ったり不平を言ったり、悩んだり苦しんだりということは、「講」の基本・たてまえからしたら親神の思いに反するのであります。マニュアルから外れているということであります。こんなにうれしい、こんなにありがたい、こんなに結構なのだという親神の恵みを互いに讃え合って、信心の真の誠を失うことのないように励まし合いをしようという、「講」とはそういう場所なのであります。布教所も講の一つであります。私達の心というものは変わりやすく、朝の心と夕べの心が違うように、ついつい色々なことに惑わされ、朝は元気よく張り切っていても、夕べには心を倒しているそういう時に、或いはまた、日々結構なことに気がつかないでいるような人には、気がついてもらうように諫め、語り合って心を立て直す、そういう場所を結んでいこうではないかと、これが私達、子供である人間の立場を思っての、親としての神の願いなのであります。六下り目、

七ツ　なんぼしんぐしたとても
こゝろえちがひはならんぞへ

どんなに教えを信じていても、心得違い、即ち、天の理に適わぬ心、より具体的に言えば、例えば八つのほこり心ですが、そのほこり心を持っても無理からぬ、仕方がないことではありますが、しかし、諭され、反省をし、気がついたならば、その時にはすぐ掃除、所謂心の立て直しをしなさいと教えてくださっているのですが、それを積み重ねて行き、心の掃除もしないでいるから、その心得違いを正せ、とお教えくださるのではないでしょうか。日々、八つのほこりだけではない、我が身の思案にどっぷりと浸かっているような自分、そういうことでは、いくら信心していても、これは心得違いになり、或いはまた、勿論悪い事をしたならば心得違いではありますが、悪い事をしたわけではないけれども、喜ばなければならない事を喜ばないでいるというようなことが心得違いと悟るのであります。毎日の暮らしの中で、喜ばなければならない事がたくさんあります。日々、おいしく物が頂ける、飲める。歩ける見える聞こえる掴める放せる。そういう喜ばなくてはならないことを当然と思い喜べないで、そしてそれに気がつかないでいること、それが心得違いなのだと教示されているのであります。

八ツ　やつぱりしんぐせにやならん

こゝろえちがひはでなほしや

やっぱり、信ずる心を常に持って、日々を通っていかなければいけない、そして、心得違いは出直しやとは、心得違いをしたら一から出直してやり直すということであります。例えば、信心をやめようかなとか、休もうかなとか、教えや教会から遠ざかったりすることであります。教会から遠ざかるということは、親神・教祖から遠ざかることで、そういう心得違いは、一からやり直しであると。そして、この教えから外れたり、疑ったり、迷ったり、こういう心得違いも、一からやり直しであるとお教えくださっているのであります。

九ツ　こゝまでしんぐ〵してからハ
　　　ひとつのかうをもみにやならぬ

今日の日ここまで、親神・教祖を信ずる心を持って来たからには、効能の一つも見なければおかしいし、現れるはずだと。このコウは効能と悟るのであります。要するに神の守護であります。ところが守護が現れないで、逆にいろいろと悩み苦しむことは、自分の信心は本当の信心かどうか、よく反省してみなければならないところであります。親神の守護を絶対に頂かねばならぬのだと力強く勇気づけてくださっているのであります。ところが信心していても、なかなか俗にいうご利益が現れて来ない。おかしい。それはもう一つ自分の信心はどうかと反省してみる必要があるということではないでしょうか。或いは色々な事情や身上(病)が現れて来ても、これは神が与えてくれた試練であると、超越する心をもって立て替え切り替えて行くことによって、必ず「効」は見えて来ると教えられているのであります。何も問題もなくけっこうな方はなお一層の「効」を見ていかなければならないのであります。

そこで信ずるということをもう少し掘り下げてみますと、信心にしても信仰にしても、いずれにしても、信ずるとは、疑うことなく本当と思うことであり、頼りにすることであることは既に申し上げましたが、たとえそれが疑わしいことでも、たとえそれが、目に見えない説明のできない、証明することが不可能なものでも、真実と思い、頼りにできると固く思うことが信ずるということではないでしょうか。信ずることの反対は、疑うことでありますから、疑いの思いをかけらでも持ったら、信ずるということは色あせ消えて行くのであります。

もう少し具体的に申し上げますと、説明ができ、証明ができるものは、信ずるという対象ではなく、確認とか理解するとかということで、信ずるということは、今申し上げたように、説明や、或いは、証明などとてもできない、そういうものを信ずるということが、哲学でいう所謂、超越とか飛躍と言われ、信ずるという世界なのであります。

《親鸞におきては、唯念仏して弥陀に救けられまいらすべしと、よき人の仰せを被りて信ずるほかに、別の子細なきなり》

（『歎異抄』）

と、親鸞にとっては、師と定めた法然上人の教えられた通り、唯念仏を唱え、阿弥陀様に救けられ往生できるのであれば、それがたとえ法然上人に騙されて地獄に落ちようとも、後悔はなきものと、地獄・極楽などはどうでもよきこととして師と仰いだ法然上人の言われるがまま、全てを賭け、全てを信じ通すところに、信仰の世界があるという一節であります。私達は、自分の都合に合えば信じもし、自分の勝手に合わないものは信じないところが多分にありはしないでしょうか。信心とは、信仰とはをもう一度しっかり見直さねばならないと思うのであります。また、信ずるということには、欠かせない必要な心構えがあり、それは何かというと固い「決意」であり、固い「決心」であるということであります。「私は迷わない」、「私はこれを信じて行く」という決意、決心がないと、なかなか信ずるという心にはならないのであります。

これまで、時折『教行信証』ということを話して来ましたが、勿論仏教の教えではありますが、それは、教えを聞いて深く思い、行ずるにあたっては、即ち、行っていくについては、信をもって貫く、要するに、固い決心、固い決意をもって貫く。さすれば必ず「証」所謂、証し、守護が得られるという教えであります。この「信」ということについては、固い決意・決心をもって貫くことが大切であることを教えてくれているのであります。

人を救ければ我が身救かると、私達の親、教祖が教えてくださっているこの教えを、「ようし、そうなのだ。人を救けていけば必ず我が身が、我が家が救かって行くのだ」と固い決意をもって信じ行ずる。それが教祖を信ずるということであります。人を救けて行くということに、しっかり決意を表していかなければならないのであります。

信心・信仰に関しての色々な格言があります。

『信心の家に悪魔来らず』

と、信心する一家には、その加護により守護により、災難や不幸はやって来ないという諺であります。或いは、

『信心は誠の表れ』

とも言われ、信心というものは、人の真心の表れにほかならないと。信ずることができないということは、いかに虚しい寂しいことか。現れて来る表面のものしか見えない、何か心に感じることのできない人の一生は荒涼としたものではないかと思うのであります。或いは、信仰について言えば、私達には素晴らしい教理があり、そして、仰ぐこと、尊ぶことができる教祖が存命でいる。信ずる心がなければ、いくらいい親がいても、い

くら素晴らしい教えがあっても、崇め尊ぶことはできません。信仰とは、信じ仰ぐことであります。

『信仰は山をも動かすべし』

と、深く信仰すれば、山をも動かすような大きな力が得られるとの譬えであります。

『おさしづ』では、

《信心しても、こんな事と思うてはならんで。それでは、何ぼ信心しても、それだけの徳は無きもの》

（M27・9・26）

と、こんなに教会に運んでるのに、こんなに教えをもとにいろいろと尽くしてるのに、こんなに信心してるのにと、自分を自分で誇大に評価して喜べない。「のに」の後は必ず不足の言葉が続き、せっかくの信心も色褪せてしまうと。

《成るもいんねん成らんもいんねん、成ろうと言うて成らんがいんねん。しょうまいと思うても成るもいんねんと言う。そんだら信心せえでも、と思うなれど、よう聞き分け。今年に蒔いて今年に生える種もある。そのまゝ腐る種もある。一つの理を蒔くには、種というは、選って〳〵選んで〳〵、選って〳〵蒔けば、一つの理も生えると言う。さあ内々しっかりこの理を聞き分けるよう》

（M26・10・12）

と、真実誠の種を、ようく選りすぐって蒔いて行きなさいと、信じて行きなさいと。

教祖は「信心」ということを次のようにお話しくだされております。

「神さんの信心はな、神さんを、産んでくれた親と同んなじように思いなはれや。そしたら、ほんまの信心が出来ますで」

（『逸話篇』一〇四）

と、易しく分かりやすくお教えくださっています。

さて、信心・信仰には必ず「合掌」という姿が伴いますが、例えば、私達が迷った時悲しい時苦しい時つらい時、手を合わせると、必ず神の答えが、祖霊の答えが我が心に返って来ます。また、願う時も、祈る時も、感謝をする時も、合掌することによって、安らぎが湧いて来るのであります。合掌は救いの手なのです。喧嘩をしている時に、言い合いをしてる時に、不足をしている時に、合掌の心は、また合掌の姿は、生まれるでしょうか。祈る・願う・感謝するということの形に現れた姿が合掌であり、合掌のない日々は、合掌のない人生は、無味乾燥であります。

何故ならば、あの合掌した時の安寧や安堵の心はどこから生まれて来るのでしょう。右の「てのひら」と左の「てのひら」の五本と五本の十本の指が相い互いに支え合い、指先に心が集まる時、不思議と全身全霊が一つになるのであります。そしてそこに流れる安らぎ以外の空間は何ものにも替え難いものがあるのであります。

或る両手を失った身体に障害のある人が次のような歌を詠んでいます。

過ぎし世のいかなる罪のむくいぞや
合わす掌もなきわれぞ悲しき

と。しかし、この人は合掌する掌はありませんが、神仏の前に額づき手を合わせる。合掌の姿にはなりませんが、真実、誠の心は両手のある人以上に合掌の思いは深く、それに比べわたしたちには合わせる手はあるのですが、手をあわせる形だけで誠の心を失っているのではないでしょうか。

このような合掌の姿を教えてくれたのは親神か教祖か、それとも親でしょうか。私達のまわりには、合掌する心の無い人がたくさんいると思いますが、合掌することを教えてあげていただきたいと思うのであります。

最後に、お互いが神名を讃えて、神の守護を語り合える家々に、家族に、一人ひとりのうえに親神のご守護が頂けますように！

惜しい心、惜しむ心

私達この道を信仰する者にとっては、運び尽くしをして人を救けて行くことが教えの原点ですが、それが何故出来ないか、それが何故滞るかということは「おしい」「惜しむ」という心があるからだと思うのであります。「八つのほこり」の一番はじめの「おしい」についてですが、この「おしい」とは、普通金品を出すことを惜しんだり、身を惜しんだりの意味で使うことが多いのですが「おしい」「惜しむ」には二つの意味があると思うのであります。

一般的に「惜しむ」とは、金銭的にも、物質的にも、肉体的にも十分に出さないで済ませようと思うこと、少しでも楽な方に、少しでも少なく、少しでも出さない方向に使う心、これを「惜しむ心」ということになるのですが、「惜しい」とは、例えば、時間が惜しい、こんなことに無駄に時間を使うのが惜しい、もったいないという意味があるのです。物に関しては、他に使い道があると思うので、そのままほおっておくのは惜しい、忍びない。例えば、素晴らしいものがあり、こんなところに置いておいたのでは惜しい。もっと役に立つようにしたい、という意味があります。それから人に関しては、機会を見つけて何とかしてやりたいという思い。例えば、あの人は平社員にしておくのは惜しい、勿体無い。あの人はこんなところでくすぶっているのは惜しい。そういう惜しいという意味があり、また、ここで打ち切らねばならず、本当に残念に思うよ。もう少しで出来上がるのに、もう少しでご守護頂けるのに惜しい、残念だという意味があるのであります。

ここまでお話し申し上げると、この「惜しい」とは主体をどこに置くかによって違ってくるのであります。自分を中心に置くと、少しでも楽な方に、少しでも出さないようにという惜しむ心となり、自分以外の物や人に重心を置くと、ああ惜しい人だとか、時間が惜しいというような周囲に認められる心遣いになるのであります。この「惜しむ」「惜しい」という心は自分を中心に置くと埃心になるので、自分以外に使って行きたいと思うのであります。自分に惜しむ心を使うと、身を惜しむ、出し惜しむ、骨惜しむ、負け惜しむといった惜しみの心が出て来るのであります。教祖はこの「惜しむ」心を二つに分けて諭されておられ、逸話の中で『惜しみの餅』という話があります。

《ある人が、お餅を供える時、「二升にして置け。」「いや三升にしよう。」と、家の中で言い争いをしてから、「惜しいけど、上げよう。」と、言って、餅を供えたところ、教祖が、箸を持って、召し上がろうとなさると、箸は、激しく跳び上がって、どう

しても、召し上がる事が出来なかった、という。》（『教祖伝逸話篇』一八〇）

教祖にはお餅に込められている、乗っている心が分かるので、この餅は惜しみの心が乗ったお餅で、食べようにも食べられないという逸話であります。他の逸話では『物は大切に』という中で、

《教祖は、十数度も御苦労（注）下されたが、仲田儀三郎も、数度お伴させて頂いた。そのうちのある時、教祖は、反故になった罫紙を差し入れてもらってコヨリを作り、それで、一升瓶を入れる網袋をお作りになった。それは、実に丈夫な上手に作られた袋であった。教祖は、それを、監獄署を出てお帰りの際、仲田にお与えになった。そして、

「物は大切にしなされや。生かして使いなされや。すべてが、神様からのお与えものやで。さあ、家の宝にしときなされ。」

と、お言葉を下された。》（『教祖伝逸話篇』一三八）

※注「御苦労」…監獄に拘引されてのご苦労のこと。

惜しい、捨てるには忍びないと惜しむ心も、自分を離れ、自分以外の対象に使えば、物や人を大切にすることにもなるのであります。又、ある時教祖は「菜の葉一枚でも粗末にせぬように。」と言われ、それは単なる節約を教えられたのではなく、その物の命の尊さ

を知ってくれと、そしてそれを大切にしてくれと教えられているのであります。捨てるものの中にもう一度生かす命を探して、そして再利用をすることを考えてくれと。昨今はリサイクルということが言われるようになりましたが、少し前までは使い捨てとか、消費は美徳だと言って、何でも使って捨てて来ましたが、資源には限りがある。もう一度それを再利用しようということで今はリサイクルということが叫ばれております。捨てる物の中に、もう一度生かす命を探し、物にも命があるということで、大事に使えば永らえるものがあるのです。ところが乱暴に使えばすぐ壊れて駄目になってしまう。物にも命があって、その物の命を大切にする人は、自分の命も永らえさせて頂けると思うのであります。「惜しむ」心は一見ケチに繋がるように思うのですが、惜しむ心や倹約はケチの心とは違います。ケチというのは出さなくてはいけない所にも出さない、当然払わなくてはいけないものを惜しいと思ったり、人に与えたり貸したりすることを「惜しい」と思ったりすることであります。また、困っている人に施すことを「惜しい」と思ったり、人のために時間や金品を使うことを「惜しい」と思ったり、嫌なことは人にさせて楽して通りたい、そういう心、いわゆる出し惜しみ、骨惜しみ、身惜しみ、これがケチに結びつく「惜しい」という埃心なのであります。人を救ける心のないのもケチな心と言えるかも知れません。「惜しい」惜しむ心は二つあるということで、中心、重心を自分

に置くか、自分以外に置くかによって反対になります。この点に私達は気を付けなければならないと思うのであります。諺に、

『光陰惜しむべし』

とあり、光陰いわゆる時間を惜しみ無駄にしてはいけない、と言っているのであります。或いは、

『孝子は日を惜しむ』

と、孝行な子は親に仕えることが少しでも長いように寸暇と日を惜しむという諺であります。

『骨身惜しむな無駄惜しめ』

惜しむ心も我が身の身体の労苦は惜しまないで、惜しむならば物や時間などの無駄を惜しめよと。また、

『名を惜しめ』

これは言うまでもなく、自分のみならず親や自分に関係する人達の成し遂げて来た業績・偉業、そういう方達の名を、名誉を大切にせよという意味であります。しっかり仕分けをして、何を惜しみ何を惜しんではならないかを学ばねばならないと思うのであります。運ぶべきところを運ばないことや、報恩や人救けが出来ないのは、皆惜しむ心からで、例

えば言葉を出すことさえ惜しんでいる人がいます。優しい言葉、温かい言葉、勇ます言葉、労いの言葉、たすける言葉、激励する言葉等々…。言葉など減るものではありませんが、それを出さない。何が出させなくしているか。それは我が心が出させないので、心があれば言葉は出るはずであります。その出るはずの言葉が出ないということは、心が出させなくしているからで、それを出し惜しみの心というのではないでしょうか。救ける言葉を出さず、また「にをいがけ」（布教の意）をしないということは、救ける言葉を出さず惜しんでいることになるのではないでしょうか。ましてや自分も救からなくてはならないのに逡巡しているようなことでは、自分で自分を救からないようにしている惜しむ埃心ではないかと思うのであります。私達には惜しむ心が心の奥深くにあり気付かないでいることが多々あるように思うのであります。救かりたいと思ったら心や身を惜しんでいては救かりません。心や身を惜しみ、報恩を惜しむことは自分自身を救けることをも惜しむことに繋がるのではないでしょうか。

さて、『十柱の神』では「惜しい」の埃心を使うと「をもたりのみこと」の守護を欠き、「をもたりのみこと」は天にては日様、人間身の内のぬくみ、世界では火の守護を司るとお教え頂き、「をもたりのみこと」の守護を欠く、「惜しい」の埃心を使っていくと呼吸器の患いのお手入れを頂くと言われております。又、「をもたりのみこと」は天地の地の理合と言われ、すべて表に立つものを支え助けていく立場、たとえば団体の中であれば役員、また家庭の中では女房役や母親のような支え育む地の理の立場、そして水の理を受けて、物事を治めていく立場、これをしっかり心得ていけばいいので、自分はケチな埃心を使ってはいないだろうか、出し惜しみの心を使ってはいないだろうか、と反省しつつ「をもたりのみこと」の守護を削らないように通ることが大切なことで、この惜しむ心を自分に関しては持たないように、自分以外のものに「あー、惜しいな」という心を使っていくことではないだろうかと悟る次第であります。

「欲しい」について

『八つのほこり』の二番目、「ほしい」という埃心ですが、まず「ほしい」とは漢字で書くと「欲しい」と書き、この字を見ると「よく」であります。この「ほしい」と「よく」の違いをあえて分けて考えてみると「ほしい」とは、例えば「サクラの花が早く咲いて欲しい。」のように「ほしい」は「よく」とは違い、「よく」ほど強くはなく感覚的、感情的、情緒的であります。ところが「よく」となると企て、たくらみが出て来るのであります。例えば強盗、保険金詐欺、などは完全に「よく」であり、「ほしい」に比べて意図的、意識的、計画的ということが言えると思うのであります。ところで、「ほしい」とは自分自身の利害に関わり合うと、人でも物でも、金銭、地位、名誉など、自分のものにしたいと思うこと、手に入れたいと思うことになるのであります。これが「ほしい」そのものが自分に関わり合うことで、例を挙げてみますと、車が欲しい、女の人だったら宝石が欲しい、綺麗な洋服が欲しい、土地が欲しい、家が欲しい等々。これが「ほしい」の一番目の意味であります。他に例を挙げると、私達がしばしば「何々してくれ」と言いますが「こうしてくれよ」「ああしてくれよ」「こういう風にしてちょうだいよ」と、これも「何々してほしい」という「ほしい」であります。もう一つの意味は相手に自分の期待や望みを求める気持ちで、例えば、「使わないでほしい」「分かってほしいわ」「来ないでほしいわ」など、自分の希望や利害を、自分中心においたときに出て来る「ほしい」思いであります。或いは、もっとひどいのは「あの人、いなくなってほしい」「あの人、死んでほしいわ」など、自分の為に相手に求める「ほしい」であります。ところが、「ほしい」の主体が相手にある場合、即ち相手を中心にした「ほしい」の場合、良くなってほしい、救かってほしい、ご守護を頂いてほしい、立派になってほしい、成功してほしいなど、自分を度外視した心で、親神はこの心に近づくことを願われているのではないでしょうか。

最初の「ほしい」は、利を自分のものにしたい、手に入れたいと思うことで、見るもの何でもほしい、これは欲につながる埃心で、だんく身が詰まってくるのであります。「欲しい」を仕分けると以上のようになりますが『八つのほこり』の「ほしい」の説き分けを見ますと、

《あたえをもってほしいはよろしいなれど、働きもせず、あたえを出さずしてほしがることがほこりとなります。》

とあり、これはその通りなのですが、「ほしい」の一番目の意味で「欲しい」そのものが、

自分中心になっていることで、「おしむ」心と同じように、欲に繋がる欲の枝葉なのであります。この心をいわゆる神は埃心と言われるのであり、この欲しいの心がだん〳〵エスカレートしていくと、家庭や周囲に犠牲を押し付けていくことにもなるのであります。「車がどうしても欲しいんだ」そんな稼ぎも能力も無いのに欲しいんだ。それは欲しいというこの思いを家族や周囲に犠牲を押し付けていくことにもなり、そこから感情や生活に亀裂が入ってきたりするのであります。

また、不足が多いのも欲しい心があるからで、欲しい心が叶えられない時に不足の心が生まれるのです。欲しい心がそのまま満たされれば誰だって不足する人はいません。欲しい時にそれが満たされなければ不足や不満が生まれ、そのような欲しいという思いに対して、相手が応えてくれないと「にくい」という埃心も生まれます。或いはまた、それが高じていくと「うらみ」心や「はらだち」の心にもなってきます。この一つの埃心から、丁度磁石が鉄粉を吸い集めるように他の埃心をも吸い集め、自分自身では気付かないうちに、欲しい埃心だけでは済まなくなってきます。そのことが分かっていないと、反省もつかないし、そして磁石が強ければ強いほど沢山の鉄粉をかき集めるように、欲しい心が強ければ強いほど他の埃心をも呼び集め、複雑になり、だんだん〳〵大きくなっていくのであります。『八つのほこり』の説き分けはこれを中心に説き分けており、

『八つのほこり』のその根底になるものは自分中心、自己愛、利己的な心からであります。自分に利することばかりを思う心、これが中心になっていると『八つのほこり』をどんどん呼び寄せるのであります。そして我執という自分から自分を離せない心、これが強ければ強いほどいんねんを深め徳分をなくしていきます。その点を神はできる限り自分の心を自分から離しなさいと、それが救かる道でもあるとお教え下さっているのであります。「我執」、自分に捉われること、自分が忘れられないということ、この心が強ければ強いほど、人はまた不幸でもあります。それは自分から解放されないからであります。そこで神は人を救けよと言われるのであります。何故か。人を救ける時には、自分のことより先ず人に救かってほしいと祈り願えるからであります。『おふでさき』には、

これまでもなんでもよう木ほしいから
たいていいたずねいたるなれども　（七—15）

と神は「よう木がほしい」、よふぼくが欲しいと言われております。何の為に？人を救けるために、神も欲しいと言われるのであります。

よふぼくも一寸の事でハないほどに
をふくよふきがほしい事から　（三—130）

と、神の子としての人間が陽気世界に向かう救けのために、神の御手、御足になる「よ

ふぼく」が必要と、「ほしい」の主体は神自身ではなく私達を救ける為にあり、同じ欲しいでもレベルが違うのであります。その違いであります。

せきこみもなにゆへなるとゆうならば
つとめのにんぢうほしい事から　（二—8）

一寸したるつとめなるとハをもうなよ
三十六人にんがほしいで　（十—26）

と、このつとめはただ単なるつとめではなく、世界救けのつとめなので、どうしてもつとめの人衆が欲しいと。そしてまた、

しんじつの心がほしい月日にわ
どんな事でもしこみたいから　（十—65）

と、神は私達の真実の心が欲しい、それ故にどんなことでも仕込んでいくと親神の利で言っているのではなく、少しでも良くなるようにと、親として私達に主体を置いてくれているのであります。その親神の思いを私達は受け止めて、人に救かって欲しいという心を養っていったならば、親神の心と合致するのであります。今述べた「ほしい」は、埃心ではなく、同じ「ほしい」でも埃心になる「ほしい」もあれば、誠真実の「ほしい」もあるのであります。今まで「ほしい」という心は全て埃心であると思われていたかも

しれませんが、主体を相手に置いたならば、これは誠真実にもなるのであります。主体を自分にのみ置いて欲しい欲しいの心に取り付かれて難儀な思い、不自由な思いをするのは誰でしょうか。また、あれも、これも欲しい、ああいうふうになりたい、こういうふうにもなりたいと自分の欲望に取りつかれて自分を失っていく人は、自分を制御することができず、車に譬えれば蛇行したりスピードを出し過ぎたりして、障害物や進路を見失い、非常に危険なのであります。そういう車を運転する運転手はそれはだれかれではなくほかならぬ自分自身であるということに気が付かなくてはならないのではないでしょうか。

さて、『十柱の神』では「欲しい」の埃心を使うと「くにとこたちのみこと」の守護を欠き、「くにとこたちのみこと」は天にては月様、夜の守護であり、人間身の内では目胴うるおいの守護、世界では水の守護の理。「ほしい」の埃心を使っていくと、目胴に病という手入れを頂くと言われており、それは具体的にはどういう手入れかというと、結膜炎、緑内障、白内障、視力障害といった手入れ、また胴うるおいですから、いわゆる血液、リンパ、胃液、唾液、ホルモンなどの手入れと言われております。また水の守護ですから、水は方円の器に従うと言われ、四角い物に入れれば四角い入れ物に入り、円い物に入れれば円い入れ物に入る自由自在の、また温めれば蒸気にもなり、冷やせば氷にもなり、水は自分が汚れても相手を綺麗に美しくする性質を持っており、この水の性質を生かして行くことではないでしょうか。

これまで「ほしい」について述べて来ましたが、大きく分ければ二つありますが、自分に中心を置く「ほしい」は教えの理合に反するので、自分以外の処に「ほしい」の中心を置き変えていくならば、「くにとこたちのみこと」の守護、即ち、親神の一層の守護を頂けるのではないだろうかと悟る次第であります。

「憎い」という埃心

私達がお借りしているかりものであるこの体は、親神の十全の守護があるが故に、こうして何不自由なく毎日暮らしていけるということであります。八つのほこり心の「憎い」についてですが、いわゆる「欲」が積もって来たり、「可愛い」の心が高じて行くと、『可愛さ余って憎さ百倍』という言葉もあるように「憎い」という心が生まれて来ます。『おふでさき』の三号96の五つの埃心、即ち「おしい・ほしい・かわい・欲・高慢」が分かれば、当然八つのほこり心の残り三つ「憎い・恨み・腹立ち」の埃心は分かって来ると思うのであります。

さて、この「憎い」という心は、気に入らない、或いは、気に食わないという心が「憎い」に繋がって行くということで、嫌だと思う心、これが発端であります。それがだんだん高じて行くと、憎くなって行き、最後は許しがたい、許せないとなるのであります。そして、相手の存在、居るということ事態が堪らなく嫌で、できるなら抹殺してやりたいと思うぐらいに思う心を憎いと言います。人間は、出会って最初から憎む人はいないと思います。ところが出会いの回数を重ねる中で、自分の意に反すると、気に入らない、気に食わない、嫌だと思う心がお互いの間に憎む心となって生まれ出て来るのです。勿論、反対に好意を持つ心も生まれて来ますが。

一昔は、別席の第一歩ですが、初試験というのがありました。「十柱の神様」と「八つのほこり」の説き分けを暗誦して全部覚えて行かないと合格しなかったのですが、今は「お誓い」ということで、読み上げるだけあります。その「八つのほこり」の中の「憎い」という所を見てみますと、「『憎い』と申しますと、罪を憎むのはよろしいなれど、理を非にまげても、人を憎むようなことは埃となります」とあります。罪は憎むが、その罪を犯した人は憎まないということでありますが、そんな器用なことができるでしょうか。例えば、不意に頭をパーンと叩かれた。頭を叩くということは憎むけれど、叩いたその人は憎まない。そんな器用なことはできないと思うのであります。「君主はその罪を憎んで、その人を憎まず」(『仮名手本忠臣蔵』)と言いますが、私達はそんな君主でもなく、これは理想を掲げた一つの理屈だと思うのであります。私達の日々の日常生活の中で、例えば、何年か前に連休中に起きたバスジャック事件ですが、17歳の少年が何の罪もない何の関わりもない人達をバスの中に閉じ込めて、そして危害を加え、中には亡くなられた方もいます。では、その行為、事件は憎んでも、その少年を憎まないでいられるか、どうでしょうか。やはり憎いと思います。罪は憎いが、その罪を犯した人は憎まない、そんなことができるでしょうか。事件の当事者や遺族にとっては憎むのは当然だと思います。何もしていない我が子を殺害されるとか、或いは、関係ないのに危害を加えられるとか、これは当然、その罪だけ憎んでその人を憎まないなどということはできないと思うのであります。当然憎むと思います。自然なことだと思うのであります。しかし、憎んで憎み続けているとしたら、時が経てば経つほど、誰が傷つくかというと、憎んでいる自分自身が傷ついて行くのであります。それ故に、早くその憎しみを拭い去るように、時間をかけてでも、苦しいことではありますが、その憎しみを癒すような努力をしていかなければならないと思うのであります。憎しみでがんじがらめに縛られ、自分自身がどうにもならなくなるので、そんな単純に、簡単には行かないことも分かりますが、それを早く切り替えること、癒すことを考えて行かなければならないと思うのであります。親神は、どんな不条理な理不尽な事でも、例えば、こちらが原因を作っていないのに被害を受けるようなことでも、憎いという心遣いは、誰彼のためではなく、自分の為によくないということで、ほこりとお教えくださっていると思うのであります。まして日々私達が暮らしている中での、嫁と姑との確執、親子兄弟の争い、或いは夫婦間の憎しみ合いなどということが、如何に馬鹿げているかということを悟らなければならないと思うのであります。何故ならば、その原因の半分は自分にあるからです。日々の中で、心一つでどうにでもなるような嫌なことを積み重ね、「嫌だ、耐え難い」ということで、どんどんそのような感情を募らせて行き、憎しみにまで高めてしまう。これは本当に考えねばならないことであります。

罪とか罪悪とは人間の道義的な問題で、常に人間の感情や行い・行動の中から生まれるものであり、動物である犬や猫、牛や馬が罪悪を犯すでしょうか。そして、人間と罪や罪悪を、人は人、罪は罪として離して考えることは非現実的であり、納得できないことなのであります。人間が罪を犯し、人間が罪悪を犯すのです。過日、動物園の係官がトラに殺された事件がありましたが、そのご遺族は人間に殺されたのとは違う感情を持っていると思います。ところが、人間が犯した罪の被害というものは、超越し自覚し努力しないとなかなか癒えて行かないのであります。普賢岳や有珠山が噴火し、神戸の震災や東日本の震災や津波で亡くなられた方がたくさんいますが、これを罪悪とは言わない。自然の災害なのであります。罪とか罪悪とかは、人間の行い、行動の中から生まれ、そしてそういうことから、憎しみが生まれて来るということではないでしょうか。

およそ憎いという心、即ち憎悪感は、人間相互の間に起こる心や感情であり、親子兄弟、嫁姑や夫婦間の確執が憎悪を生み出して行くのですが、確執とは、お互いの自説や思い、考えている事を主張して譲らないところから起こる不和なのであります。これが埃心になり、因みに、憎いという埃心に限らず、八つのほこりの根とは、我が身中心、自己中心、そして我が身思案、我が身可愛いという自己愛が原因になるのではないでしょうか。相手が自分の思い通りにならない、自分の感性や感情に合わない、或いは、相手のやる事なす事、そして思う事が自分の利益に繋がって来ない。或いはまた、自尊心・プライドを傷つけられる。そういうことが憎しみに繋がって行くのではないでしょうか。憎しみは、独りでに生まれて来るものではなく、必ず相手があるのであります。相手のない憎しみなどは存在しないのであります。悪い事が起こって来たことは、全て相手に原因があると思う傲慢さや高慢さが、憎いという心をどんどん育てて行き、増幅させて、相手を憎む、そういう癖・性分の強い人が埃心を多く持っている人ということになるのではないでしょうか。私自身も自戒するところであります。

たかやまにくらしているもたにそこに
くらしているもおなじたまひい（十三―45）

と、私達の魂は皆等しく、また善し悪しはないのですが、心一つが我がの理という心を、親神は私達一人ひとりに与えてくださっており、この心一つが我がのものであり自由でありますから、その心が動き、その心が働いて、良い方向に働けばいいのですが、悪い方向にも働く。そしてそこから善悪が分かれて来ると悟るのであります。自己中心、我が身思案、我が身可愛いというような心が強く働くと、お互いに陽気ぐらしから逸れて行きます。反対に、なんとかこの人によくなってもらいたい、この人になんとか立ち上がってもらいたい、たすかってもらいたいという心は善につながり、当然表にも現れ、行動にも現れて来ます。教祖は、その私達の心、それを善とか悪とか言うと、その響きは固く厳しくなり、人は嫌悪するので、やさしく「親心」や「救け心」とか「埃心」ということで、諭されていると思うのであります。

一れつにあしきとゆうてないけれど
一寸のほこりがついたゆえなり　（一―53）

と、埃の心とは、人間の綺麗な「たましい」を汚し、曇らす心遣いで、故に埃心が充満すると、私達の身の内に神が入り込めず、神の十全の守護ができなくなるのだと。即ち、埃心とは、親神の十全の守護を損なう因なのであります。埃心が積もって来ると、「たましい」が曇り、親神が入り込めない。大変なことだ。しっかり掃除をさせてもらおう。そこで、朝な夕なに、或いは月次祭に「あしきをはらうてたすけたまへ／てんりわうのみこと」とおつとめをさせて頂くのであります。

せかいぢうどこのものとハゆハんでな
心のほこりみにさハりつく　（五―9）

このほこりすきやかそふぢせん事に
月日いかほどをもふたるとて　（八―62）
ほこりさいすきやかはろた事ならば
あとハめづらしたすけするぞや　（三―98）

埃心で体を動かして働くことも、喜んで働くことも、働くことは同じでも、心が違う。埃心ですることを「埃の行い、埃の行為」と言い、同じ「ひのきしん」でも、ひのきしんをする姿は同じでありますが、埃のひのきしんとなり、「お供え」とても同じであります。それを教祖は、

《「どんな辛い事や嫌な事でも、結構と思うてすれば、天に届く理、神様受け取りて下さる理は、結構に変えて下さる。なれども、えらい仕事、しんどい仕事を何ぼしても、あゝ辛いなあ、あゝ嫌やなあ、と不足〱でしては、天に届く理は不足になるのやで」》　（『教祖伝逸話篇』一四四）

とお教えくださっています。とは言え、私達は気に入らなかったり、嫌だなあと思ったりすることが多々あると思います。そう思ってもいいのですが、その心を数少なくし「いやいや、そうではない。これはいかん、止めよう」と打ち消し、早く切り替えて行くことが大切なことではないでしょうか。埃心というものは、知らず〱のうちに使うので、

日々掃除をしなければと思うのであります。

「憎い」という心は、十柱の神の中の「かしこねのみこと」の働きを損なう因であり、「かしこねのみこと」の働きとは、息吹き分けの守護の理で、息吹き分けとは、私達にとってはこの世との繋がりの根本であります。その働きは、吐く息吸う息で、その守護を十分に頂くためには憎む心を育てる前に、先ずは、嫌だなあと思う心、気に入らないと思う心を掃除して行くことではないでしょうか。

日々の中で起こって来るどんな小さな嫌な出来事でも、見過ごすことなく、しっかりその理合いを悟り、親神の十全の働き、ご守護を頂いて、何不自由なく身上壮健に日々が暮らせるように、埃心を掃除していきたいものであります。

「可愛い」──真の可愛いと我が身可愛い──

『おふでさき』に、

このみちハをしいほしいとかハいと
よくとこふまんこれがほこりや　（三─96）

と、私達の心得違いを埃に譬えてお教えくださっており、この中の「かハい」についてですが、仏教でも、「欲しい、惜しい、憎い、可愛い」（『譬喩尽』）を四煩悩と言って、可愛いもちょっと狂うと煩悩になり、この道で言う「埃心」ということになるのでありますす。どういうところが埃心になるかというと、「可愛い」とは「かははゆし」から「かはゆい」に変化して「かわいい」と現在使っているのですが、元々の意味は「放って置けば悪い事態になるのをそのまま見過ごせない」ということで、なんとかしてやりたいという心が可愛いという意味であります。或いはまた「自分よりよわい立場にある者に対して保護の手を差し伸べ、望ましい状態にしてやりたい思い」であります。親神の人間可愛いはこの意味で、そういう可愛いの中には当然厳しさも出て来ると思うし、こういうことをしていたら望ましい状態にはならないからそうしていては駄目だ、という厳しさにもなるのかもしれません。

　可愛いとは、唯々相手の思う通りのことをしてやるだけが可愛いのではなく、その人が本当に望ましい状態になってもらいたい、そういう深い思いの下に保護の手を差し伸べる、それが本当の意味での「可愛い」なのだと思うのであります。また別な意味では「若さや幼さをもち、又は小さいもの等に対して、大事に扱ってやりたくなるような気持ち」を言います。その意味において、年寄りに対してあまり可愛いとは言いません。大事に扱ってやりたいと思う心が生まれるような爺さん婆さんでないと「可愛い」とは言わず、いくら言っても言うことを聞かない頑固で…というのは、可愛いとは言わず、むしろ可愛げがないということになるのであります。親神から見て、可愛い人になる、可愛がられる人にならねばと思う次第であります。

　本来の「可愛い」とは、自分以外の他のものに対しての思い、気持ちで、「我が身可愛い」というような可愛いは、親神は望まれてはおりません。我が身が可愛いから、それが適えられない時に、憎さが生まれ、そして、我が身が可愛いから、それが満たされないと恨みが出て来ます。我が身が可愛いから、それに応えてくれないと腹が立って来ます。それ故にこの三つは、我が身可愛いというところから、そしてまた、欲の心が高まった時に、憎い・恨み・腹立ちの埃心が出て来ます。憎い・恨み・腹立ちの埃は、『おふでさき』の中では見当たらず、欲の心がすっきりすれば、また、可愛いということが本当に分かれば、憎い・恨み・腹立ちの埃心は分かるであろうというのが『おふでさき』の中に記されていない理由ではないだろうかと勝手に悟る次第であります。可愛いということ、無理を適えてあげたり、居心地をよくしたり、優しさを出せばいいと錯覚しがちですが、それはかなり次元の低い可愛いで、本当の意味での可愛いは、自分以外の他に対して大事に扱って、保護の手を差し伸べ、自立をしてもらい、将来望ましい状態にしてやりたいということが可愛いで、そこには厳しさも伴って来るように思うのであります。

その一例として、「情けも過ぐれば仇となる」のところで既述しましたが、江戸時代初期の陽明学の祖、中江藤樹の母の例があります。身を抱き寄せ、抱きしめるのではなく、心を抱きしめ身を突き放す逸話であります。これが真の子供可愛い優しさであり、これが真の愛情ということではなかろうかとハッと思う時があります。母の子を思う真実の親心が、後の近江聖人として世の人々から慕われた中江藤樹を生んだように思うのでありります。要するに、親の厳しさを持った子供可愛いなのであります。

親神も、

このさはりてびきいけんもりいふくも
みなめへくにしやんしてみよ　（五―20）

と、何とか救けたいと思うから、止む無く病という手を入れて、この教えを教えたいのだというう親の真実の可愛さを考えてみよと。

このはなしなんとをもふてきいている
かハいあまりてくどく事なり　（五―21）

と、何とか望ましい状態にしてやろうとの親心からであり、親心が欠けた可愛いは溺愛になりがちで危険であります。

どのよふにいけんりいふくゆうたとて
これたすけんとさらにゆハんで　（五―22）
にんけんのハがこのいけんをもてみよ
はらのたつのもかハいゆへから　（五―23）

この一連の『おふでさき』からは、親の意見と厳しい親心とを悟るのであります。そしてまた、

どのよふな事でもさきへしらしをく
あとでこふくハいなきようにせよ　（十一―46）
こんな事なにをゆうやとみなのもの
をもうであろふこどもかハいゝ　（十一―47）

と、親としての、可愛いが故の願いであり、その願いを聞かないということは、親の理が、親の徳が、親の守護が頂けるでしょうか。後悔のないようにとの可愛いが故に親として子供である人間に対しての頼み、願いなのであります。これをしっかり受け止めて、ああそうだ、親神の思いである人を救けること、即ち、あの人もこの人も救けねばと一歩を踏み出すことだと思うのであります。

このたびハ神がをもていでゝるから
どんな事でもみなをしゑるで　（十六―39）
このはなしとこの事ともゆハんてな
みのうちさハりこれでしらする　（十六―40）
こんな事なんでゆうやとをもうなよ
かわいあまりてゆう事やでな　（十六―41）

身のうち障り、いわゆる病でありますが、私達の日々の通り方には是非がなく、言っても分からないから、止む無く病というもので知らすると。

こんな事なんでゆうやとをもうなよ
かハいあまりてゆう事やでな　（十七―48）

それも全て子供可愛いという親心のその厳しさ故と悟るのであります。

月日にハせかいちうゝのこどもわな
かハいばかりをふもているから　（十七―49）
それゆへにせかいちうゝをどこまても
むねのそふぢをしたいゆへから　（十七―50）

何故に事情や病を心の手入れとするのか、それは、その元である埃心を早く掃除をしてくれという埃心の掃除であります。親神の可愛いというのは、私達が子供を唯可愛がるような可愛いとは違い、親としての親心からの可愛いということであります。私達も当然子供は可愛いのですが、親心がなかったならば、それは唯の溺愛にすぎません。この子をなんとか自立させてやりたい、この子がこのままだったら碌でもない者になるであろう、この子をこのまま放っておいたら、やがてこの子は身を倒すであろうというような、真の親心をもって慈しみ可愛がることであり、唯々物や金銭を与え、言うことを聞いてやるだけでは、これは真の可愛いではなく、利害のある可愛いになるのではないでしょうか。どういう利害かと言えば、厳しくしたら嫌われるだろう、恨まれるだろう、疎まれるだろう、だからいえない、厳しくできないと言ったような利害であります。これは真の可愛いではなく、一種の親の我が身可愛いであり、故に理が働かず、ますます子供は悪くなる。現在の殆どの親が、真の意味での可愛いが分からないところから無分別な子供に育て、その結果、犯罪も事件も若年層に増加しているのではないでしょうか。親が親らしくなく、親の使命が、親心とはどういうものかが分かっていないからであります。

『おさしづ』では、

《神の子供皆可愛い。人間事情の理に諭し置こう。幾名皆可愛い理であろう。難儀さそう、不自由さそう親は無い》（M22・11・1）

と、人間も何人いても子供は皆可愛いように、それと同じで、神の子供である人間は皆可愛いと。

《反対する者も可愛い我が子、念ずる者は尚の事。なれど、念ずる者でも、用いねば反対同様のもの》（M29・4・21）

親にたてつく子も可愛い我が子ではあるが、親を片時も忘れず、親の思いを常に持っている子は尚可愛いと。がしかし、親神に祈りを、或いは願いをする者でも、唯々願い祈るだけで、教えをしっかり日々の中で用いず、身に付けねば、反対している者と同じであると厳しくお諭しくださるのであります。例えば、これをあげようと言う（念ずる者）。Aは、そんなものはいらないと言い（反対する者）、Bは、有難く頂きますと言う（念ずる者）。がしかし、頂きますと言いながら、頂いたものを使わず、用いずに放っておいたならば、そんなものはいらないと言って断った者と用いないという意味においては全く同じことと思うのであります。私達はこの教えを長い年限、教えて頂いていて、それを用いねば、いかに親神は残念に思われるかということであります。日々の暮らしの中で、何かあればすぐ腹を立てる。自分の思い通りに行かなければ、不足をする。これでは教えを用いていることにはなりません。私達にはどうあってもという是非がないと神は言われ、親神に可愛がられる人になるには、念じ用いること、即ち教えを実行して行けば、親神から可愛がられるということになると思うのであります。とにかく、利害を伴う可愛いは埃の元であり、損得を伴うような可愛いは埃心であるということであります。我が子が可愛い、身内が可愛い。或いは、我が身が可愛い。そういう可愛いではなくて、親神がお教えくださっている可愛いという心に早く成人したいと思う次第であります。

世の中には『不憫な子ほど可愛い』という諺もあります。なんとか子供が望んでいるような状態にしてやりたいと思う心でしょう。例えば、病んでいる子がいる、不憫だ。見ていてほんとに不憫だ。なんとかこの子が回復して普通の子と同じようになってもらいたいという心は親心であります。後は方法を間違えると唯の溺愛になりますから気をつけねばならないと思うのであります。

『可愛い子には旅をさせよ』

とは、その子の将来を思えばこそ、世の中の辛さ苦しさを経験させ、厳しく育てるということで、家において暖かいヌクヌクとした布団に寝かせ、旨いものを与え、何の苦労もさせないと無能な子になるという諺であります。

『我が身ほど可愛いものはない。なれど我が子可愛くば人の子を可愛がれ』と、人は皆我が子は可愛いのですが、我が子だけでなく、人の子も可愛がったならば、必ず我が子も人から可愛がられるようになるという格言であります。理詰めな話で、人の子を可愛がるという種を蒔けば、我が子も可愛がってもらえるという芽が出るということであります。私達は少しでも我を忘れて、そして、親神が私達にお教えくださっている可愛いは、なんとか人をたすけたい、なんとかたすかってもらいたいという、真の意味での親心なのではないでしょうか。

「恨む」埃心

さて、世の中には悩みの無い人はいないと言っても過言ではなく、信じることを忘れ、また信用することをなくして心の扉は閉じて開かず、そういう人々に何とか信じてもらえるようにということですが、新聞・テレビ等を見ておりますと信用できないことだらけで無理からぬことであります。政治の政党や国や有名大手企業、そして挙句の果ては親や社会と、いまや信用できないことばかりですが、ここぞしっかり親神・教祖を信じ、凭れて行かねば、私達の目指す羅針盤はどこにあるのだろうかということになります。しっかり親神・教祖がお教えくださる一言〱を噛み締めて通れば、間違いのないことと思うのであります。

埃に譬えられている埃心ですが、私達は日々に積み重ねる埃心を、埃心ゆえにあまり重大視せず、大して大きな問題とは思っておりませんが、全てがうまく行かない事情の元、禍の元、病の元は「埃心」であると悟るのであります。

せかいぢうどこのものとハゆハんでな
心のほこりみにさハりつく　（五―9）

と、どんな賢者、識者、権勢豊かな者でも、地位も名誉もない者でも、心の埃が積もり重なれば、身に障りが来ると親神は教えてくださり、

みのうちのなやむ事をばしやんして
神にもたれる心しやんせ　（五―10）

と、安心できない不安定な時代なればこそ、神に凭れる心を思案せねばと思うのであります。

どのよふないたみなやみもでけものや
ねつもくだりもみなほこりやで　（四―110）

と、皆全て埃心であると。

一れつハみなめへ〳〵のむねのうち
ほこりいゝばいつもりあるから　（八―61）
このほこりすきやかそふぢせん事に
月日いかほどをもふたるとて　（八―62）

親神がどんなに救けてやりたいと思っても、埃一杯積もっているから、親神の手が届かず、だから早く、心の埃を掃除してくれと。

ほこりさいすきやかはろた事ならば

あとハめづらしたすけするぞや　（三―98）

と、この埃心に私達は気付き、日々掃除して行くことが肝要と悟るところであります。

ところで、「恨み」という埃心ですが、あまり恨みについてなどは日々考えたことがないかと思いますが、けっこう知らない間に世の中や人を恨んでいることが多いものです。

まず、「恨み」とは、世の中や人に対して不満や不快感を心に抱き続けることですが、この続けるということが問題なのであります。そして、その上危害を加えられたら、これは完全に機会があれば復讐、いわゆる仕返しをしてやろうと思う心を、いつまでもく忘れずに持ち続ける心なのであります。一般的に、さっぱりしている人はあまり恨みませんが、執念深い人はやはり恨みが強いと思います。この恨みの根源は利害関係、即ち損得や色情が原因になることが多く、こちらの思い通りに行かない、思い通りにしてくれないということで恨みます。或いはまた、恥をかかされる、面前でプライドを傷つけられるというような、高慢な心の強い人ほど恨み心もまた強いと思います。別な意味では、望み通りにならなくて残念に思う心、自分の過ちを責め、後悔して、自省、反省することこれは自分を恨むということに通じ、悪いことではないと思うのであります。悔やむということは、ある意味では自分を恨むということで、度が過ぎるといけませんが、反省に繋がりますから、我が身恨みはある程度はいいことなのではないでしょうか。

『八つのほこり』の説き分けの中では、「恨みと申しますのは、我が身我が心の至らぬところを恨むのはよろしいなれど、人を恨むようなことはほこりとなります」とあり、「我が身我が心の至らぬところを恨むのは」反省に繋がり、自責の念であります。恨みは、十柱の神のご守護の理合いでは、「くにさづちのみこと」の守護の理に欠ける因で、「くにさづちのみこと」の働きは「人間身の内では、女一の道具。筋、皮膚のつなぎ。世界では、金銭・縁談・夫婦・親子の縁のつなぎ、命のつなぎ、よろず一切つなぎの守護」であります。恨みの心を強く持ち続けたりすると、「くにさづちのみこと」の働きの守護が頂けず、恨むとか恨まれるという心が癌のような難病に直接結びつく医学的な証明は一つもありませんが、恨むという心の根の深さ、これが根強い難病の因になるように悟るところであります。そういう根深い心を掃除をし、軌道修正することが大切なことだと思うのであります。何故ならば、恨みには絶対につなぐ心は保たれず、人を恨み、事を恨み、世を恨んで幸せになった人はいないからであります。つなげなければならないことがあったら、恨むという埃心を掃除することが大切なことで、難儀するのは我が心が原因（わがみうらみであるほどに）で、あの人のせい、この人のせい、嫁のせい、姑のせいなどと他に原因を転嫁するのではなく、例外を除いては、諸々の事を処理できない自分の至らぬ心が悪いのであります。しかし人間の常として、我が身恨みと反省に徹することはなかなか至難の技ですが、難儀・不自由・困難、自分にとっての不利益の因を人に転嫁し、最初は憎しみの埃心だったものを恨みに発展させ、早く処理しないと恨み心が我が心に根付き、巣食うので、恐ろしいことです。恨みの心に取り付かれると、根深く陰湿ですから、人には分からないのですが、自分自身の心の中で、どんどん大きく膨れあがり、心の中で相手を引き裂き、切り刻む残酷さが生まれ、表面に具体的な形となって現れて来ると、自分も相手も滅亡させるような結果になる場合も出て来ます。近い例では、金属バットで母親を殺し、いじめられた野球のチームの同僚や後輩をも予兆、予告なしに叩く。これは恨み骨髄の現れた行為であります。或いは、幼稚園で同じ園児を持つ母親が、我が子の友達である園児の首を絞め、殺してしまったのも、殺された園児のお母さんに何年来と心に抱いていた恨みから、関係のない園児を殺してしまった事件。或いはまた、怪談などは恨みが根底の話であります。その姿を見ると、顔は下を向いているのですが、目は上を向き、この形相は恨みの姿であり、牡丹灯籠にしても四谷怪談にしても皆恨みの極限であります。恨む心というものは怖いと思うのであります。

十数年前になりますが、雑木林の太い木のちょうど目線のあたりに、私も始めて見たのですが、ワラ人形に五寸釘が、何と36本も打たれていたのです。ほんとに隙間がないほどで、打った方も可哀想だが打たれた方も可哀想だと思い、全部釘抜きで抜いてやりました。打つ方は丑三ツ時（現在の夜二時頃）に、その姿を人に見られてはいけないそうで、恨み骨髄という怨念を込めてワラで作った人形に釘を打ち込む。するとワラ人形に仕立てられた相手に病や禍や死が訪れるという古い言い伝えがあり、嫁か姑か裏切られた相手が誰か分かりませんが、その姿を想像してみてください。恐ろしいことであります。夜な夜な思いを込めて、「憎い、恨めしい」と、その思いを考えただけで凄いと思い、私は神名を唱えながら釘抜きで一本〳〵釘を抜き、一緒に居合わせた人達に、一本持って帰って、神前で釘に込められたその思いを祓ってやってくれと言うと、皆恐ろしがって、要らないと言うのでした。

何と根深く陰湿なものでしょうか。恨む心は人には見せない見えない、内面に奥深く根差す恐ろしい挨心であります。恨み心は、反省しないかぎり、当人はそれが当り前になり、恐ろしいことであります。

とのような事もうらみにをもうなよ
みなめへ〳〵のみうらみである　（六―95）

このさきわどのよなみちがあるとても
人をうらみなハがみうらみや
とのような事がありてもうらみなよ　（十三―108）

みなめゑ〱にする事やでな
どのよふな事がありてもうらみなよ　（十六―30）
みなめゑ〱にしてをいたのや　（十七―60）

と、誰彼ではなく、あの人この人ではなく、自分自身なのだと悟り、恨み心を持たないように、たとえ持ったとしても、早くそれを掃除し整理するように努力したいと願う者の一人であります。『おさしづ』では、

《笑うて暮らせば、何にも妬み恨みは一つもあらせんで》　（M31・5・9）

と、或いはまた、

《何程高い所に居ても、何時落ちるやら分からん。一夜の間にも、どういう事出けるやら分からん。どんな事出けても、神の怨みとは思うてくれなよ》　（M31・12・30）

全ては皆、身恨みであり、

《さあ〱どうも一時、どうしょうと言うた処が行こまい。悪い風に誘われ、取り損いはどうもならん。（中略）風に誘われたのは、銘々の恨みと諭し置こう》　（M33・5・31）

悪い風とは、悪い誘い、悪い風聞、風説と悟るのであります。誘惑されるということは、

相手の誘いのせいではなく、そういう誘いに乗る自分が悪いのだと。

世間でも恨みについては色々と教えてくれています。

『恨み骨髄に徹す』

恨みとは、骨の髄にまで至るほど、そのぐらい深く心底から恨むことで、

『貸し借りは恨みの種蒔き』

と言って、貸したものを返してくれれば問題はないのですが、特に金銭はたいがい滞ってしまって戻って来ないというのは、恨みの種を蒔くようなものだから、貸借関係はできるだけ作らないようにという戒めの諺であります。

『恨みほど恩を思え』

とは、恨むぐらい深く恩に感じなさいということで、恨みの根深い思いを、恩というものに換えたらいかがかという譬えであります。或いはまた、

『自ら知る者は人を怨まず』

と、自分を知り得るほどの利口な人、悟りのいい人、徳のある人、そう言う人は、人を怨むことはしないし、逆に自分自身というものを知らない身のほど知らずの人が怖いと。それ故に、自分というものをよく知る必要があり、我が身の足りないところを知っていれば人を恨まないですむということであります。或いは、

『労して怨みず』　（『論語』）

親の為にどんな苦労をしても決して親を恨まない孝行の態度を言います。いつの時代にも分別のない人はいるもので、他人の幸せまで恨む者がいます。自分は何も危害を加えられていないのに、人が幸せになったり恵まれていたりするのを見て、最初は妬みから始まるのですが、だんだん恨むようになる。自分と比較して、私はこんなに惨めなのに、あの人はなんであんなに幸せなのだろうと、人知れず恨むようになる。最近そういう心の人が増えて来ているように思えるのですが、……。そのような人が周りにいたら、その痩せ細った心、埃に汚れた心、それをたすけてあげて頂きたいと、教祖も願われていると思うのであります。また、自分自身が判断し行動したのに、あの人がこう言ったから、この人が誘ったから等々と、自分に都合のいい勝手な言い分をつけて、相手を恨む因にする。そのような心を掃除をし、恨みの種を作らないように、また、恨まれるようなことは極力避け、天理に即して、親神が望まれる明るい喜びに満ちた日々を歩むことではないでしょうか。

腹立・短気・癇癪

私達は何のためにいろいろと不都合な節を見せて頂くのかというと、それは心の普請の為なのであります。心の普請をする為に、親神はいろいろと節目を与えてくださり、私達に陽気ぐらしに向かう心を作り上げて行くように望まれているのであります。ボロボロの家のその上に、新しい家を作ることはできません。一回更地にしてから、新しい家を建てて行くというように、私達の埃にまみれた心を一回倒壊して、新しく作り上げて行くということが大切なことではないかと思うのであります。その埃心の一つ「腹立ち」ということ、家に譬えると、ボロボロのどうしようもない建物に当てはまるのではと思うのですが、その腹立ちという埃心の上に新しい素晴らしい心は築けないように、一度古い汚れたものは壊さないと、綺麗なすっきりした心は作り上げられないと思うのであります。

腹立ちとは、怒りを言葉や態度・行動に表す（直前の）状態を言います。言葉としては捨て言葉、投げやりな言葉、暴言であり、態度はと言えば、人によって違いますが、心の中では煮えたぎっているのですが、何も言わず、黙して語らず。また、ふて腐れる人がいます。聞いているのか聞いていないのか分からない人もいます。それから開き直る人もいます。行動には、殴る、蹴る、投げる、壊す、暴力一般、これが腹立ちの行動となって現れた場合ですが、腹立ちとは如何に恐ろしいことか。腹を立てるということは、周りの条件や与えられた状態に依って、腹を立てるというよりはむしろ自分自身の癖・性分や、その時々の自分の心の状態に依って腹を立てる場合が殆どであります。自分の心の状態がおかしいと、昨日と全く同じことでも、今日は腹が立って来る。例えば、料理について言えば、昨日と同じ料理の味付けでも、こちらの心がどこかおかしくなっていると、帰って来て料理を食べても「今日は辛いではないか!」「今日は甘すぎるではないか!」「今日は柔らかいではないか!」「今日は堅いではないか!」といった具合に、昨日と変わらないのですが、こっちの心の状態が違いますから、腹が立って来る。それは、あの人がこう言ったから、この人がこうしたから腹を立てるというよりは、自分自身の心の問題や心の状態ではないだろうかと思うのであります。腹を立てやすい人を、別の言葉で言うと、癇癪持ちとか短気と言います。あるいは最近、すぐ切れると、そんな言葉が使われています。そういう癖・性分の人、例えば、会社で気に食わないことがあると、或いは奥さんでも隣の人に何か言われた、或いは兄弟に何か言われた、そういう何か他の事で気に食わないことがあると、いつもと同じ事でも、同じ状態でも腹が立って来るものです。それを八つ当たりとも言って、腹が立ってきて、子供に当たってみたり、旦那に当たってみたり、或いは逆に奥さんに当たってみたりする場合があるのですが、腹立ちを、今日まで一度もしなかったという人は一人もいないと思うのであります。或いは、毎日一度は腹を立てている人もいると思います。非常に個人差があるのですが、腹立ちとは、心がだんだん練れて来ると、即ち、心の普請をして行くと腹立たなくなって来るものです。十年前、私はこういう状態だったら切れちゃってたのに、こういうことを言われたら腹が立ったのに、今は切れない。ありがたいことだなぁとなるのであります。心の普請をしない人は、何年経っても同じで、一向に変わらない。10年前と、20年前と変わらない。これは信仰をしていても、教えに従い、努力をしないと変わりません。心の普請をして行かないと変わらないのであります。腹立ちっぽい人は、何時でも何処でも何にでも腹を立てる準備・用意が、要するに腹を立てるスタンバイが出来ていて、何か刺激を与えられると、それがすぐ頭をもたげて出て来る。腹立ちっぽい人は、心根を、元を直さないと直らないのであります。他の人や他のものが原因ではなく、腹を立てやすい心がいつもあるからであり、その心を直さないと、この腹立ちは直らないのであります。

よく世間で「憤る」と言い、「私は憤りを感じた」そういう言葉を時々聞くと思いますが、「腹立つ」のと「憤る」とは違うのであります。腹立ちは勝手気儘なところが多いのですが、憤るとは、人や世の中のひどい状態に対して、ほんとに理不尽な、無法な、ひどいことに対して、こんなことがあってはいけない、こんなことであるべきではないという気持ちを言うこと、伝えること、述べることを憤ると言うのであります。勝手気儘に腹を立てるのとは違います。

腹立ちという埃心は、腹立ちそれ自体では腹立ちは起こらないのですが、腹立ちの原因の多くは、他の埃心が原因なのであります。そして、別の埃心に依って誘発され、引き出されて来る心、それが「腹立ち」の埃心なのであります。即ち、この腹立ちという埃心は、他の埃心による二次的な埃心であり、原因になる埃心と腹立ちという埃心とダブルで埃を積むことになり、最低二つ以上の埃心を使っているということであります。

「おしい」という埃心で、腹を立てる。例えば、怠け者で体を使うことを惜しむ、所謂身惜しみ、骨惜しみの人が仕事を言い付けられると、嫌で働かされて腹が立って来るのです。「おしい」という心が根にありますから、その埃心と「腹立ち」という埃心と二つ使っているわけであります。腹立ちという埃心だけでは腹は立たないのであります。出すのが人一倍嫌いな出し惜しみの強い人が、出すように言われ、無理やりに出させられたりすると腹が立って来る。「あなた徳積みや報恩のお供えをしっかりしなさいよ」と言われます。出したくないと思っていますから、「出せ」と言われると腹が立って来る。

「ほしい」という埃心で腹が立って来るのは、手に入れられない、どうしてもあれがほしいけれど、手に入れられない。或いは、人でも物でも、どうしてもほしいと思っていたにもかかわらず、先に取られてしまった。そうすると腹が立って来る。この場合は「ほしい」という埃心と、「腹立ち」という埃心をダブルで使っていることになります。

「かわい」という埃心では『可愛さ余って憎さ百倍』という言葉があるように、自分の異常なまでの可愛いの思いに対して良い反応が、良い答えが相手から返って来ないと、それに対して腹が立つのであります。この場合は「かわい」という埃心と、「腹立ち」という埃心とを二つ使っている。そして、

「にくい」の埃心では、憎い相手、こいつがいなければ、こいつが死んでしまえば、そう思うその憎いという埃心で腹が立って来る。「腹立ち」という埃心だけで腹立ちは起こり得ないのであります。そしてまた、

「うらみ」の埃心で、この「腹立ち」が起きて来るのです。晴らせない恨みを晴らしてやりたいけれど、どうも自分の性格は弱くていえない、立場が違うから言ったら尚攻撃されるだろうと思って控えてしまう。ストレスは溜まる、埃は充満する、そして腹が立って来る。

「よく」の埃心では、欲の心が強くて、強欲と言いますが、その欲の思いが自分の意の

ままにならず、満たされない。こうしてほしいあしてほしい、或いはこうなってほしい、そういう欲の心があればあるほど、思うようになって来ないと、それで腹が立って来るのであります。

そしてまた「こうまん」の埃心では、腹立ちの原因の殆どはこの「こうまん」なのですが、自分の出番がない、立場がない、存在を無視された、認められていない、或いは、満座の前で自分の欠点や失敗、非を指摘され、自分が悪いのですが、腹が立つと。

腹立ちとは、何か他の埃心がそれを誘発して起こることで、この点から見ると、埃心の多い人は、それだけ腹立ちも多くなり、逆に、腹立ちっぽい人は、それだけ他の埃心が掃除されずに多いという事になるのであります。あの人は腹立ちっぽくてすぐ腹を立てるよ、すぐ切れるよ、というのは、他の埃心も充満してるということであります。

自分が腹立った時は何の心で腹立ったか。欲の心でか、高慢の心でか、異常な可愛いという心でか。ちょっと自問自答してみるといいのです。そして、腹立ちと癇癪と短気は仲のいい兄弟ですから、癇癪持ちの人は腹立ちっぽく、腹立ちっぽい人は癇癪持ちで、また、短気な人も腹立ちっぽく、腹立ちっぽい人は短気であります。

癇癪とは、感情を抑えきれず、相手や場所をわきまえず怒りを一度にぶつけることで、そういう性格の人を癇癪持ちと言います。短気な人とは、結果が待てず、せっかちで、すぐに催促したり、怒ったり、腹を立てたりする人のことであります。我慢が出来なくなり、怒りを爆発させることを『堪忍袋の緒が切れる』と言い、また『癇癪玉が破裂する』などと表現しますが、だいたい堪忍袋などという袋を持っているから緒が切れたり、癇癪玉などという玉を持っているから破裂するので、最初からそんな袋や玉はいらないと、持たないようにすればいいのであります。

それでは、腹立ち、癇癪、短気の治療方法はというと、治療方法や治療薬や特効薬はありません。薬局に行っても、病院に行っても、治療方法もなく、医者も治療はしてくれません。あの人は短気だから、あの人は腹立ちっぽいから病院に連れて行こうという人はいないと思うのであります。医者や薬では治らないからであります。

では、どうしたらいいかということになるのですが、普通一般的には、忍耐であります。ぐっと歯を食いしばって忍耐すること、この道で言う、忍耐よりももう一段次元の高い「たんのう」であります。それ以外の特効薬はありません。忍耐や「たんのう」の心はどうしたら出来るのであろうかということになるのですが、「忍」の一字と言うように、「忍」という字を二つに分けると、刃と心であります。刃は切れます。心の上に刃がのっているので、じいっと耐え忍ぶ時は、心を動かすと心が傷だらけになるから心は動かさず、心をジィッと動かさないでいることが大切なのであります。それで忍というのではないでしょうか。我慢しなければならない時に、あっちでブツブツこっちでブツブツ、あっちに行って愚痴をこぼす、こっちに行って言い訳をする、そんなことをすればするほど余計心は傷だらけになるので、この辺を心得たら、人生はだいぶ変わると思うのであります。腹立ちや癇癪や短気の治療方法は、忍耐であり、この道で言う「たんのう」の心であります。この「たんのう」の心が出来たら、鬼に金棒であります。まずは、腹立ちという埃心からは解放されます。この「たんのう」の心はどうしたら出来るかを、教祖はしかとお教えくださっております。それは、人を救けるおたすけこそが、最高の「たんのう」のできる道であると。そしてこの「腹立ち・癇癪・短気」だけではなく、その他の埃心の最高の治療方法でもあり、治療薬でもあります。おたすけをしない人は、悪く変わっても良くは変わらず、持って生まれた悪い癖・性分、或いは、その上へ上塗りされた埃心は、十年経とうが二十年経とうが掃除されないので、綺麗にはなりませんが、人を救けることによって、この埃の「心」はだんだんと削られて行くのであります。

　わかるよふむねのうちよりしやんせよ
　人たすけたらわがみたすかる　（三―47）

と、神はお教えくださいますが、人救けをしない人は何十年もかかって成人することは可能かもしれませんが、非常なる努力と時間がかかります。自分のこの始末に負えない心を、嫌だなあとまず思い、もし絵に描いたらどんな絵になるのかな、もしほじくり出してみたら、どんな形をしているのかな、そのぐらいに思い、ああこれをどうしたら綺麗に、どうしたらバランス良くなるだろうかと思案し、「そうだ、人だすけなのだ」と、素直に実行することによって、必ず解決すると思うのであります。

「何事も不満を口にすれば、相手を優位に立たせる。我慢をすれば自然に自分が優位に立つことが出来る」　（大山康晴名人）

また、フランスのカミュという哲学者であり小説家は、

「幸福とは、それ自体が長い忍耐である」

と。

幸福を維持するためには、ブツブツ不足を言って、辛抱ができないようでは幸福は続かず、幸福をずっと続けて行きたいと思うならば、それ自体が忍耐であると。何事も素晴らしいものを維持し、保ち続けて行くということは、並々ならぬ忍耐と努力が必要だということであります。この腹立ちというものが、いかに自分にとってマイナスであるかを、教祖は八つのほこりの一つとして、私達を戒めてくれており、教えを分かっているだけではたすからず、教えを実行して初めてたすかると思うのであります。この道は実行の道であり、教えを自分のものにして、日々の中で積み上げて行き、そしてそれを人に教

えられるようになったらば、かなり進歩したことになります。それ故に「にをいがけ」をし、「おたすけ」をするのであります。教祖は「人をたすけなされや」とお教えくだされており、これなくしては、教えを一生求道しても、半分ほどしか修得できないと、自分自身を振り返り反省する次第であります。

十柱の神の中では、腹立ちは「月よみのみこと」で、腹立ちやすい人は、この「月よみのみこと」の守護を欠くことになります。人間身の内では男一の道具、骨の守護であり、草木が自ら立っている理、よろずつっぱりの守護であります。この守護が欠けると、骨膜炎、骨髄炎、脱臼、捻挫、骨癌とか、椎間板ヘルニア、それから骨折一般であります。腹を立てずに理を立てることが大切なのであります。私自身も完全無欠ではありませんから、腹を立てることがあり、そういう時は、一時も早く掃除するように心掛けているのであります。

『短気は損気』とも『短気は短命』とも言います。気短は命をも短くすると、これを今は医学的にも証明できるといわれており、腹を立ててストレスを溜めるのは誰でしょうか。自分であり、そんなことを続けて行ったら、体のバランスは崩れるに決まっています。或いは、『短気は身を亡ぼす腹切り刀』と言い、辛抱せず短気を起こせば自滅するという戒めの諺であり、また、『短気も我・後悔も我』と言い、短気を起こせば結局は後悔する羽目になるという、これも戒めの言葉であります。

この腹立ち、短気、癇癪を起こして成功した人は居ないし、また、腹立ちは一つの埃心だけではなく、腹立ちは二つ或いは三つ、四つの埃心が同居した結果であり、諸悪の根源全て、病の元、事情の縺れの元は埃心で、私達は日々、埃をかけたりかけられたりして生活しているのですが、埃は被らないように、被せないように心掛けて通りたいものと思う次第であります。

「欲」について

私達のこの身のうちの十全の守護、これは親神がくまなく隅々までお働きくださっているがゆえに十全の守護が保たれているのですが、この「十全の守護」のバランスを崩すもの、即ち隅々まで親神の守護が行き渡らない、どこかに支障が出て来る、これは一体何なのかと。そのバランスを崩す元が「埃心」なのですが、それが積もり重なって形に現れ出て、いわゆる「身上・病」ということになり、その埃心の頂点は何と言っても八つのほこりのうちの「欲」の心であります。

「欲」とはどういうことかと、平らな言葉で言うと「ほしがる」ことで、もう少しつめてみると、むさぼり求める心、これを「欲」といいます。何でも自分の物にしたい、自分だけでしたい、例えば、自分だけで楽しみたい、自分だけで味わいたい、と思う心、或いは、人よりも多く身につけたい、得られるだけ得たい、時には法を犯してでも取り込みたい、自分のものにしたい、という心が「欲」の心であります。

又、「色香」「色情」に溺れること、これが「色欲」という「欲」になるのであります。

この「ほしい」と「欲」との違いは、「ほしい」というのは感情的な心の動きが主に働きますが、「欲」となると策略を巡らしてでも、或いは意図的に意識して、積極的な働きをもって取り込みたい、自分のものにしたい、そういうニュアンスの違いがあると思います。「ほしい」と「欲」との違いは、少し違うように思うのでありますが、何か企みがあって、目的があって、考えがあって取り込むこと、これが「欲」であるということが言えると思うのであります。ただ単純に欲しいと、日常的に私達が「あー、あの服が欲しいわ」と言うのとは少し違い、その思いが募り募ると欲になり、その「欲」は「八つのほこり」の埃心のすべてに含まれているということが言えるのであります。例えば、高慢の心はどこかに「欲」があり、馬鹿にされたくない、見栄を張りたい、皆よりも少しでも上でありたい、優越感を持ちたい、「たい」という「欲」があり、不正をしてまでも得たい、賭け事をしてでも、人を誤魔化してでも得たい、これは全て労せずして得たいという「欲」の心であります。保険金詐欺がよくありますが、これは意図的に計画して、労せずして取り込みたい、人の命を奪ってでも取り込みたいという「欲」の塊でありますす。私達にはそこまでそのような「欲」はないと思いますが、簡単に申しますと、預かった物、人から託された物、或いは借りた物、それを返さずに意図的に自分の物にしようとすると、他の言葉に置き換えると着服、横領という犯罪につながるのであります。

一切の埃心の根は「欲」であり、その欲望が個人的な問題から社会的にも発展していきます。その例を挙げると、家庭の不和も「欲」の突っ張りあいからで、夫婦、親子一人ひとりの欲から家庭という半ば公の場に亀裂が生じてくるのであります。親子、夫婦の争い、嫁姑の確執、隣人との不和、全て「欲」からであり、こうあって欲しい、こうしてもらいたい、それがお互いにぶつかり合う、その結果不和が生まれて来るのであります。別居や離婚もそれぞれ自分の思い通りに行かないから別れようと互いに思うからであります。遺産相続の相克なども、少しでも多く取りたいと思うから折り合いがつかず、決裂して裁判などという第三者によって裁かれなければならないのであります。情けないかな自分のものでもない親からの遺産を法という場にさらさなければならない、という事であります。

一時代前は、法というものは門口で止まったものです。門の中までは入って来なかった。ところが昨今は平気で家庭の中まで法を入れ込み、決着をつける。話し合いで折り合いがつかないから、家庭の中にまで法が入り込んできて、法の裁きを待たねば結論が出ない。それくらい今は昔とかなり「欲」の度合いが高まってきていると思うのでありますます。

いくら文明、文化が進展しても、反対に心はだんだんと小さく荒んで来ています。ギャンブルも「欲」からであり、労せずして、働かずして取り込もうとする心。投資、財テクも、株も、それが法的には悪いとされてはいませんが、根は「欲」からであり、それゆえに失敗した時は嘆き苦しまなくてはならないのであります。

「欲」とは常に自分という「我」に関わりあって離れることはなく、自分を離れた「欲」などというものは存在しません。必ず自分が主体になっており、「欲」の心に煩っている時は、それはまさに地獄であり、一度「欲」の心に捉われると魂の輝きまでが失われ、親神から授かった燦然たる輝きのある魂も「欲」という埃心によって曇り、全てが見えなくなり、魂の輝きを失って自己中心の考えに埋没していくのであります。解決方法は、

わかるよふむねのうちよりしやんせよ
人たすけたらわがみたすかる　（三―47）

とのご神言の如く、人を救ける「おたすけ」しかないと思います。他のどのような手立てをしてもそこからは抜け出すことはできず、それが一番たすかる道であり、一番の早道であるということが言えると思うのであります。

ちかみちもよくもこうまんないよふに
ただ一すぢのほんみちにでよ　（五―30）

この「ほんみち」とは何か、人だすけの道であり、陽気ぐらしに向かう道であります。私達が日々バランスを崩さず喜び勇んで通る術は、我というものから離れることに努力を

しないと、なかなか神の守護を頂けるところまでには行き着けないように思うのであります。五下り目、

四ツ　よくのないものなけれども
かみのまへにハよくハない

どんな人でも欲はあるであろうが、神の前で欲を言う人はいないと。神の前に出たならば、どんな欲の深い人でも、「あー、これは」と恥じ入ると思うのであります。それゆえに教会に足繁く運び、親神、教祖と対峙することが大切ではないかと思うのであります。

八下り目、

四ツ　よくのこゝろをうちわすれ
とくとこゝろをさだめかけ

欲の心に煩っている時は、それはまさに地獄で、欲の心から解放される手段は何か、それは執着から離れる事であります。例えば金品、男性であれば女性、女性であれば男性、或いは自分がほしいと思う心に捉われ、心を奪われることから離れる努力をしなければ泥沼の欲にはまっていくのであります。

九下り目、

三ツ　みれバせかいのこゝろにハ

よくがまじりてあるほどに

四ツ　よくがあるならやめてくれ

かみのうけとりでけんから

と仰せられ、欲の心は親神の守護から遠く離れた神の手の届かない所にあるので、いくら神でも受け取れないと、切ないまでも親神は欲の心を整理してくれるように私達に問いかけているのであります。

桝井伊三郎が子息の幸四郎に説かれたお話に、

「我が身の欲で、わが身のために働くのは、ちょうど池の水を、わが方にかき寄せるようなものである。いくら池の水をわが方にかき寄せても、池の中に水の山はできようまい。池の水は皆横から逃げて行くがな。池の水が逃げて行くのではない。徳が逃げて行くのである」と。

（『みかぐらうた語り草』）

十下り目、

四ツ　よくにきりないどろみづや

こゝろすみきれごくらくや

人間の心というものは、きりのない欲で濁っている泥水のようなもの、神の自由の働きや守護や親心も見えず分からず、ただ欲に溺れ、もがき苦しんでいるので早く心を澄ましてくれれば極楽が見えてくるとお教えくだされているのであります。

《多くの中、楽しみ〱いう理が何から出来たものであろう。容易ならん道、欲を離れて出て来る。》

（M31・9・30　刻限話）

いろんな事がある中でも楽しいなあということは何から生まれ出て来るのだろうか。それは欲の心から離れた時に出て来ると。

欲の埃心を使って行くと「十柱の神」の中では「たいしょく天のみこと」の守護を欠くことになります。「たいしょく天のみこと」は切る守護だけだと思いがちですが、切られては困ることもあります。

出産の時、親と子の胎縁を切り、出直し（死）の時、この世との縁を切ってくだされ、又、種もの芽はらを切り、歯で物を噛み切り、胃が食べ物を消化し切る働き、因縁を切り、欲の根を切り、病の根を切る働き。欲の心を払う努力をしないとこういう働きが欠けて来るのであります。又、「たいしょく天のみこと」の守護が無くなると金銭、縁談、夫婦、親子、兄弟の縁も切れ、欲の心を掃除することによって切れるものも繋がる守護があると。切ってはならないものと、切らねばならないものとを、しっかり仕分けをして「たいしょく天のみこと」の守護を十二分に頂くことが大切なことであります。「たいしょく天のみこと」の守護がなくなると、身の内では腸の病一般（腸炎、腸捻転、便秘、下痢、痔、盲腸等々、血管破裂、鼓膜欠損、或いは、出直すに出直せぬ苦痛、とお聞かせ頂いております。

人間はどんな高徳な人でも凡夫でも、質や量の違いはあっても物欲・金欲・名誉欲・色欲は持っており、それは人間の本質に根ざすものですから、それを無くしたり改めたりするのは至難の業で不可能に近いのであります。それ故にいろいろなことにぶつかり、悩み、苦しみ、より高い悟りの階段を目指して仏教では苦行修行の道を、武芸などでの技芸を志す人たちは日夜自己を鍛えることに努力をするのであります。

或る時、或る立派な先生と対談をした時に、私は「先生、先生には欲がないのですね…」と尋ねたことがありました。するとその先生は「いやくとんでもない。私は欲の塊ですよ。慾がないのではなく、慾をかいてその欲が満たされれば欲をかきます。がしかし、いくら欲をかいてもその通りにはならないし、自分の欲望通りにはならなければ不足や不平や不満が募るばかりで、それが自分にとって大切なことへの邪魔になることが何度もく経験して身にしみて感じているので、欲はなるべくかかないようにしているのです。欲がないわけではありません。本当のところは辛抱しているのですよ。」と語られ、やはり立派な方だと私は心からいたく感服したことがありました。

さて、私達は欲について他人と比べて自分は欲の心が多いなと気付いたり、或いは人

から注意をされたら、掃除をして行くことが大切で、「欲にきりなし、地獄に底無し」と言われ、

『欲の山の頂を見ず、欲に頂きなし』

とも言われる如く、欲にきりない泥水のような心を早く澄ましてすがすがしい明るい陽気世界に向かいたいものと願う者の一人であります。自戒。

高慢・自慢・我慢

この教えを信仰する私達にとって「八つのほこり」即ち、おしい・ほしい・かわい・憎い・恨み・腹立ち・欲・高慢の八つの埃り心ですが、多くの方が諳んじておりますが、頭で諳んじているからと言ってほんとに分かっていることにはならないのであります。昔は「八つのほこり」の説き分け、これが中心であり、初代は、にをいがけ・おたすけに行く時は、「身上かしもの・かりもの」と「八つのほこり」の説き分けをして来なさい、とよく言っておられたのを覚えております。その中の「こうまん」についてですが、この「こうまん」という埃心は、その前の七つまでが物や金銭や人、そういったものが対象なのに対して、この「こうまん」という埃心は、全て自分が対象であるが故に、どうあっても自分を良く知り、変えて行かないかぎり、解決しないのであります。腹の立たない人と付き合っていれば腹も立たないし、自分の都合に合う人といれば、憎しみも怨みも起こらないのですが、「こうまん」は別で、親しい間柄にあっても、どんな所でも出る癖性分ですから、自分で「どうかな」と厳しく反省しないと、なかなか改めにくいものであります。

「こうまん」の「まん」という字が問題であり、この「慢」の意味は、第一に「おごる」とか「たかぶる」ということで、二番目は、「なまける・おこたる」という意味を持ち（怠慢）、「年寄りを馬鹿にするな侮るな、やがて来る道辿る道」という川柳があるように、この「あなどる・ばかにする」人を軽く見るという意味があります。

そこで「高慢」ですが、「自分の才能とか財産とか地位を鼻にかけて、人をばかにする態度、鼻持ちならない様子」これが「高慢」なのです。その他、「頑固」も「高慢」だと言いたいのですが、それは何故かというと、自分の思いを絶対に曲げない、人の言うことを聞かない、間違っていても自分が正しいと思っているから曲げないので、辞典には頑固は高慢であるとは載ってはおりませんが、教理から帰納するところ、頑固は高慢の中に入るであろうと悟るのであります。

「慢」という字のつく言葉に先程「怠慢」をあげましたが、その他「傲慢」があります。「偉いのは自分だけという思いで何でも自分本位に行動すること」を言い、勝手ばかり言って人の言うことを聞かず、自分本位に行動する人はやはり「高慢」「傲慢」な人ということになるのではないでしょうか。

ところで、『おふでさき』の中には「高慢」についてはたった二首しかありません。

なにゝてもやまいとゆうてさらになし
心ちがいのみちがあるから　（三―95）

病というものはないが、人間には陽気ぐらしに反する心得違いの考え方・通り方（八つの埃）があるので、止むなく神は私達の体内に入り込んで、病という印をつけて、私達人間の反省と心の立て替えによって、陽気ぐらしに向う心をつくることを促されるのであります。故に早くその神意を悟って行かなければなりません。

このみちハをしいほしいとかハいと
よくとこふまんこれがほこりや　（三―96）

と、

ちかみちもよくもこふまんないよふに
たゞ一すぢのほんみちにでよ　（五―30）

とあります。近道、即ち、努力も苦労もしないで擦り抜けて行くような道も、欲も高慢もないようにと教えてくださっております。

また、この「慢」がつく言葉に「自慢」があり、この「自慢」は「高慢」に繋がりやすいので、気をつけなければと思います。「自慢」とは「自分のしたことや、自分に関係ある人や物事に満足しきって、それがいかに優れていて、人には真似のできないものであるかのごとく強調して話をしたり相手にそれを示したりすること」であります。

例えば、自分に関係がなくても自慢する人がいます。「私のおじはこういう人で」とか、親子では尚更そうであります。「私の父はこうで、こうでありました」。まるで自分があたかも本人かのように話します。これもやはり自慢の一つなのでしょう。立派だったのはあなたの父親で、ということなのですが、錯覚を起こしてしまう。また、友人が立派になったり、社会的に地位を得たりすると「僕の友人はこうで」というように、自分自身のように思い込んで話をする人がいますが、こういうのもやはり自慢なのでしょうか。ともかく、自慢は高慢への前段階のように思うのであります。

そしてもう一つ、「我慢」であります。「我慢」を私達は「精神的・肉体的苦痛を外に出さず抑えること」の意味に使っておりますが、しかし昔は仏教語で、自慢という意味があったそうであります。自慢すること、と同じ意味であります。それ故に、私達がじっと我慢したことを一言でも他人に話したら、それは自慢話になりがちになります。「私は耐えて来たのです。私は本当に切ない中を通って来たのです。私は大変な中をこれもやりました。あれもやりました」と一言でも言ってみてください。せっかく我慢したことも、それは自慢話になります。自慢も我慢も「自我」の象徴であり、皆自分が中心になっているということであります。我慢したことをちょっとでも話し出すと、愚痴か自慢か高慢に通じてしまい、たんのうしたことなどをちょっとでも口外すれば、その「たんのうの理」はどこかに消え失せて行くのであります。高慢とか、自慢とか、我慢は、皆自分が中心であるということで、相手が中心であったら、高慢も自慢も出ないはずであり、相手が中心であったら、そんな我慢話もする必要はないのであります。ところが自分が中心であるが故に、苦しい中を耐えて来た、こうした、ああした、こういうふうに通って来たと、自分のことを主張することは、自我を出すことになり、留意しないと我慢は自慢に通ずるということになるのであります。私達は意外と知らない間に、我慢をしたこと、耐えて来たことを人に話していることが多いのであります。私自身も自戒するところで、それは自慢話になっているということであり、神もお喜びにはならず、人も面白くないので、この辺を心して、自分はどうかなと、成人をして行く上で、我慢話が始まったならば、ああこれは自慢話だと、早く気付いてたたんでしまっておく方がいいのではないかと悟るのであります。

また、高慢な人、自慢話の好きな人は自分自身は疲れませんが、人を疲れさせるので、人から疎まれ、嫌われ、孤立していくのであります。「慢」という字のつく言葉に「傲慢」がありますが、「偉いのは自分だけだと錯覚して、何でも自分本位に行動すること」を言い、勝手ばかり言って人の言うこと、人の思いを受け止めず、自分中心に行動する人はやはり「高慢」「傲慢」な人になるのではないでしょうか。

「高慢」の埃心の特徴は、自分が高慢の埃心を使っているという自覚が無く、いつどこで使っているのか分からないので、それ故に人に高慢心を指摘されたら素直な心で受け止めることだと思うのであります。そこで高慢にもいろくありますが、具体的には「金持高慢」「地位肩書高慢」「家柄高慢」「知能学歴高慢」「言訳高慢」「卑下高慢」「遠慮高慢（引っ込み高慢）」「器量高慢」等々。世の喩えにも、

『高慢には必ず墜落がある』

高慢などには所詮土台がないのですから、いつの日か、その自惚れが打ち砕かれくずれ落ちる日が来ると。

『高慢は出世の行き止まり』

とも言われています。鼻持ちならない人ですから、絶対に出世などはおぼつかないと。

『自慢・高慢、馬鹿のうち』

と、自慢する人は、馬鹿の仲間だよと。或いは、

『自慢は芸の行き止まり』

とも言われ、要するに、芸術をはじめ何の芸でも、芸を志す人にとって、自分の芸を自慢することは、その時からその人の芸は止まって伸びないということであります。まだ

くというところに成長が約束されるのではないでしょうか。信仰も同じことで、「自慢・高慢は信仰の行き止まり」と言い換えることも出来るのであります。それ故に気をつけねばということで、神も、「八つのほこり」のうちの「こうまん」を一番最後に置いて、常に自分と闘って行かねばならない埃心だと指摘してくださっていると悟るのであります。

私達は「八つのほこり」を諳んじてはおりますが、特に高慢とは人を不快にし、和をもてない、そして陽気を崩す心遣いではないかと思案する次第であります。

気を出せ　―「気」について―

初代が遺訓として私達に残してくれた言葉、『気を出せ』ということですが、「気」には色々な意味があり、第一に、生まれつき持っている心の傾向、所謂性格、性質をいう場合があり、気が小さい、気がいい、気が短い、気が若いとかであります。

二番目には、物事に引き付けられる心の動き、関心です。気のない返事、気があるとか、気をそそるとか。

三番目は、物事に対して持つ、或いは物事に対して影響を受けて変わる感情とか情緒です。気が変わる、気を悪くする。気が沈む、気に食わない。気を静めるなどです。

四番目は、自分の周りのことを認識したり、身の周りと関係あるものを理解する心の動き、意識。そういう時に「気」という言葉を使います。例えば、気を失う、気が狂う、気が進まない、気がつくというのもそのうちの一つであります。例えば、「はっ」と気がつくということ、「悟り」とは気がつくことであり、悟りのない人はなかなか成人しません。それは、気がつかないからであります。

五番目は、物事をうまく運ぶために、自分の身の周りの状況を的確に捉える注意力、配慮。これを私達は時々「気」という言葉を使って簡単に済ませております。気が回る、気を遣う、気にとめる、気が散る等。私は時折「気を使え、気を配れ」と言っておりますが、それは、注意力や的確に捉える心の配慮を自他に促していることで、気をつけることも、気が利くということもそうであります。気が利かないというのは「気」即ち、注意力や配慮がないわけであります。

六番目、「気」という言葉は膨大な意味をもっております。目には見えないが、空間に立ち込めているもの、雰囲気や精気。例えば山の気、冬の気配などとも言います。

七番目、自然の現象も「気」と言い、天気、気象、気候等。

八番目、これが初代が言う「気を出せ」の「気」であります。物事に積極的に立ち向かう心の動き、意欲であります。気を出す、気が進まない、という気であります。この「気」ということと「心」ということは、非常に結び付いております。二番目の心の動き、それから四番目、心の働きというのがありますが、八番目は、物事に積極的に立ち向かう心の動き、意欲で、そして物事を成し遂げるために心を支え、動かす力、これを「気力」と言います。初代はこれを『気を出せ』ということで私達に遺訓として残してくれているのですが、私はずうっとこの『気』とはどういうことなのだろうかと考え続けて来たのであります。『気を出せ』、その反対は「気を挫く」とか「気が進まない」ということで、心というものが私達の精神活動を行う本体的なものを指すのに対し、「気」はと言えば、心が精神活動をしているそういう状態や反応など、それが現象として現れて来る面を「気」と言う場合が多いのであります。心の動きが形に現れて来る場合が多く、やる気や気概は、元は心であります。「気は心」というように、「やる気」のない人は「やる心」がないということであります。この教えの根本をなしている私達の身上、即ち体、それを病むということは、世間では「病は気から」と言われているように、その気の奥にあるものは何かと言えば、心なのであります。それ故に親神は教祖を通して「病の元は心から」と分かりやすく教えてくれているのです。「気を取り直す」という言葉がありますが、同じように、心を取り直すということであります。

「気から病が出る」と世間では言います。「病は気から」と言っているのですが、この道は素晴らしい。もう一つ奥をさりげなく言ってくださっている。「病の元は心から」(十下り目、十)と。

諺に「百病は気から起きる」とあり、その反対は「病は気で勝つ」とも言っています。しかしこの教えでは、百病は心から起きると。それの方がむしろ分かりやすく教えてくださっているのではないでしょうか。百病をもたらす心が、そういう気を生み、その逆は「病は気で勝つ」ということは「病は心で勝つ」ということでもあり、或いは又、世間では「気軽ければ、病軽し」と言い、気持ちが軽ければ、病も軽くなると。病のことを苦にしないで、心を少しでも明るく持てば、病も治りやすいという譬えであります。「病の元は心から」と、親神は私達にその元を教えてくださっているということ、これを簡単に唯々『みかぐらうた』の十下り目の最後を歌い流すようなことのないように、しっかり、それこそ気にとめることであります。そしてまた、

「気のつかぬ人には貰うべし」という諺もあり、気がつかないから、当然払わなければならないものに気がついてない。当然徳を積まなければならないのに気がついていない。そういう気がつかない人には、こちらから言ってやるべし。黙っていて待つばかりでは能はない、という諺であります。

「気の弱い男が美人を得た試しなし」という面白い譬えもありますが、物事を成し遂げるためには、多少強引なところが必要だという意味です。どうしてもあの美人がほしいという思いがあるならば、少しぐらい強引なところがなければ駄目だ。いつも引っ込んでいるから、みんな通り過ぎていってしまい、しっかり『気を出す』ことだと。

「死ぬ気になれば出来ぬことはない」という諺もあります。この気は何かと言えば、「心」であり、死ぬ心になれば、出来ぬことはないということであります。

いろいろ「気」について述べてきましたが、例えば、「ああ、生まれて来てよかった、

当社は一九七三年に創業、「敬・愛・信」の精神で健康書・教養書・宗教書・児童書などで良書の出版活動を展開し、社会文化に貢献させていただいています。

＊善本社の出版物は全国の書店でお求めになれます。

＊店頭にない場合は、その書店にご注文ください。

＊当社へ直接電話かＦＡＸでご注文いただくことも可能です（但し、別途送料をご負担ください）。

お名前、〒、ご住所、☎、書名、著者名、冊数をご連絡ください。代金（本体（表記）価格＋消費税＋送料）は商品到着後、同封の郵便振込用紙にて一週間以内にお振り込みください。

当社は自費出版もお引き受けいたします。あなたご自身の本を出しませんか？電話でお気軽にお問い合わせください。原稿を拝見した上で、部数、判型、装丁、費用などについてご相談させていただきます。

善本社

図書目録

（株）善本社　☎（03）5213-4837
FAX（03）5213-4838
http://goodbook-zenponsha.co
E-mail:zenponsha@tbz.t-com.n
〒101-0051　東京都千代田区神田神保町2–1

う
手書き
でも、原
ご予算をご相
部数・大きさ・
用する紙質・印刷方
並製）・装丁などあら
用が異なります。

（令和6年4月5日現在）。当社直接のご注文には送料がかかります。

生きていてよかった」という思いの反対は「ああ、なんでこんな所に生まれて来たのだろう、なんでこんな嫌な不都合なことばかりが起きるのだろう、生まれて来なければよかった」であります。私達はそういう時にこそ、そうではないのだと心を取り直すこと、即ち気を取り直して行くことしかないということであります。心を取り直してしっかりやってくれということです。

「体は育つ、心は育む」という言葉がありますが、体は普通の健康状態であれば、乳児には乳を、子供には食事を与えれば体は育つし、私達大人は体を維持することはできますが、しかし心は、育まねば成人しないということであります。私達の身は親神からの借り物であり、親神が全てを管理してくださっています。暴言的な言い方をすれば、ほっとけば十分神は守護してくださいます。黙っていても守護はしてくださっています。それが証拠に、健常者であれば、心臓のことを心配して寝る人はいません。食べたものが消化するか否かを心配して食べる人もいない。ところが心は神の管理下ではなく、私達自身の管理下にあるということをしっかりと理解し、悟らなければならないということであります。反省もなく、改良もなく、我が欲の心の赴くままに放っておくから、やがて神がいろいろと手を入れてくださるということだと悟るのであります。先ずは、自分自身の心を育み、そして人の心も育む、我が子の心も育む、ということであります。育つ世界は神の世界であり、しっかりと育んでいかなければならないのは心の自由を与えていただいている私達で、私達自身が責任をもって自分の心を育み、人の心も育んで行くということをしなければならないということであります。それを人ごとのように放っておくから、体は成長するでしょうが、しかし心は一つも成長せず、いつまでたっても子供のような心でいるので、これを未成人というのではないでしょうか。このことに気付いて、気を出して行くことが大切なことで、不都合を人に転嫁せず、それぞれが自分で我が心の管理をすることだと思うのであります。日々の暮らしの中には、いろんな嫌なことは必ずあります。雨の日や風の日や雪の日があるように、そういう寒さや雨に負けないように、雪に圧し潰されないように心を育んでいくことが親神から心の自由を委ねられ、親神の子供として生き生きと成長をしてくれと望まれていると悟るであります。その努力をしなければ、私達の成人はあり得ません。最後には、人を救けたいという心にまで、それぞれ自分の心と人の心を育んでくれと、親神は言うまでもなく、初代もそういうところに『気を出せ』と遺訓として残してくれたのであります。

私達は明日に向かって努力を惜しまず、この教えは絶対に間違いないのだ、素晴らしい教えなのだ、唯私達の心、所謂「気を出す」か出さないかで違って来るということであります。

初代が私達に残してくれた遺訓、私達にこうあるべきなのだ、こうして行くのだ、『気を出せ』、気を出すのだ、気を出していけば必ずご守護は頂けると。そして不可能も可能になるのだと、力強い言葉を残してくれているので、しっかり気を出して、挫けることなく、気を取り直すのだ、しっかりした気を持って行くのだという遺訓として、この『気を出せ』を遺訓として残してくれたのであります。

【教語解説】

1　みかぐらうた

「かぐら」と「てをどり」の地歌を合わせた「つとめ」の地歌の書きもので、原典の一つ。「つとめ」というのは、親神に祈り念ずる為に教祖によって定められ、その実現が何よりも急き込まれた「たすけ一条」の道である。また「みかぐらうた」は歌う者も聞く者も、教理を心に味わいつつ身につけることができる唱え歌で、第一節から第三節までが「かぐら」の地歌であり、第四節と第五節が「てをどり」の地歌である。

2　陽気ぐらし

天理教教典に「この世の元初りは、どろ海であった。月日親神は、この混沌たる様を味気なく思召し、人間を造り、その陽気ぐらしをするのを見て、共に楽しもうと思いつかれた」と人間世界創造の所以を説かれた。人間は陽気ぐらしという目的の為に創造され、人生本来の意義は、陽気ぐらしをすることにあるのであって、そこに人間の真生命は実現され、人間は真の幸せを手にすることができる。

陽気ぐらしとは陽気な心、明るく勇んだ心で日々を通ることである。親神は「陽気ぐらし」という言葉で、人生の意義、人間の幸せが日々の暮らしの中にあり、物や金や地位や名誉といったものにあるのではなく、日々を暮らす自分自身の中にあることを教えている。

3 おふでさき

天理教の教理書の中で原典と呼ばれ、教祖の直接的記録。一号から十七号までの一七一一首のおうたより成る。「おふでさき」の言葉は、教祖の熟知し、使用していた言葉で書かれているので「大和言葉」の特色があり、また和歌体であることから詩的文体として暗示性、多義性、象徴性に富んでいる。

4 八つの埃

神意にそわぬ人間の心のあり方、「心得違い」が「ほこり」にたとえられ、ほこりが積もり重なると、心は曇り本来の明るさを失い「陽気ぐらし」ができなくなる。八つの埃は、心得違いのほこりを掃除し易いようにとの為であって、ほこりがこれだけというものではない。

5 障り

一般の用語としては①さわること、さまたげ、さしつかえ、②病気になること、③つき厄、の意ですが「おふでさき」に於ては病気の意で「やまい」と同じ意味で用いられている。

6　御供（ごく）

教会本部から下付されるもので、「をびや御供」と、一般の御供とがある。をびや御供は「かんろだい」に洗米を供え、「をびやづとめ」を勤修した後、「をびや許し」（安産の許し）として渡される。一般の御供は、教祖殿に日々供えられた洗米のおさがりを包んだもので、それは主として「身上だすけ」の為に下付されている。

なお、御供の効能についても「何も御供効くのやない。心の理が効くのや。」（M37・4・3）と。つまり御供そのものが効くのではなく、親神から頂いた尊い御供であると素直に受けるその心に神の守護があるのだと教えられている。

7　さづけ

「つとめ」と共に「たすけ一条の道」と言われ、特別な救済手段で、さづけの理を取り次ぐことによって、親神の守護が得られ、さづけの取り次ぎ人は親神の恵みを病人に取り次ぐ（仲介する）のである。定められた手振りに伴って「あしきはらいたすけたまへてんりわうのみこと」を三遍唱えて三遍撫で、これを三度繰り返す。

8　かしもの・かりもの

「身の内、体」は神のかしもの・かりものであるという教理。人間は生物ないし動物として、自分自身の体を自分であると考えているが、自分自身の本体は魂であって、この体は親神から借りているのであると教えられている。これは分かり難いことではあるが、人間がこの世に存在することに関する神秘的な教理と言える。

9 おさしづ

一般的に「さしづ（ず）」（指図）とは物事の方法、順序、配置などを指示、命令、下知することで「おさしづ」とは「さしづ」に美称の接頭語の「お」を付したものである。天理教で「おさしづ」とは教祖及び「存命の教祖の理」を受けて神意を取り次いだ「本席」飯降伊蔵を通して語られた親神の教示を指し、天理教教義の源泉をなす三原典のうちの一つで「原典三」と通称されている。

10 つとめ

天理教で「つとめ」又は「おつとめ」と呼ばれるものは、天理教の祭儀の中心となるもので、恒例の祭典はつとめをつとめることが主要行事である。親神がこの世に現れた目的の一つである「たすけ」（救済）を実現する為に教えられたもので、最も根本的で重要なものは「かんろだい」を囲んで行われるつとめと、これに対して各教会で、人間が親神に向かって感謝したり祈りをしたりする為の「朝夕のつとめ」とがある。このつとめは身体の健康や自然の豊作、社会の平和を招来するという珍しい「たすけ」をされ、世界はつとめによって陽気ぐらしの世界に立て替って行くと教えられている。

11 ようぼく（よふぼく）
漢字の「用木」に由来し、原典では「よふぼく」と表記し、慣用的に併用する。親神の世界救済、即ち理想社会である「陽気ぐらし」の世界の建設を建物の建築にたとえ、布教伝道をする者をその為に使用される「用材」としての「用木」に見立てた言い方であり、布教伝道の場に於ける人材を意味する。

12 月日
親神をあらわす言葉で、親神は先ず「神」という言葉によって「元の神」「実の神」であると説かれた。更に進んでは「月日」と呼び、実際に仰ぎ見る月日によって親神への一層の親しみと恵みを感じさせるように導かれた。

13 ぢば
天理教の信仰の対象であり中心である。親神が人間を創造された元の地点で、「天理王命の神名の授けられた場所であり「よろづたすけ」の源泉である。

14

道

一般に道は日常生活の必要から人が通行し往来するところに出来、そうしたところから転じて、人が行うべき道理の意に用いられ、武士道、柔道、剣道、茶道、書道等という時、「道」に内的、精神的な意味を含めて使っている。教語としての「道」は「この道」ということで、「お道」ともいわれ、また「お」を省略しても用いられている。

15

においがけ

表記は「にをいがけ」。「おふでさき」は「にをいがけ」で、「みかぐらうた」には「にほひ」とある。一般的には「にをいがけ」は「匂いを掛ける」という意味に理解されている。即ち、花がよい匂いを発散すれば虫が誘引されるということから、信仰にいざなうことを「にをいがけ」と言う。神の恵みを取り次いで救けることは「おたすけ」と呼ばれ「にをいがけ・おたすけ」で布教伝道を意味する場合が多い。

16

ひながた（の道）

ひながた（雛形・雛型）の語義は、実物をかたどったもの、模型、原型ないしは様式、見本等である。教語として取り上げられている「ひながた」は、教祖（おやさま）が「月日のやしろ」としての立場で歩まれた五十年間の生涯を信仰生活の手本として仰ぎ、それを目標にして信仰生活を進めるべきであるという教理を含んだものである。そして他と区別する意味もあって「ひながた」と仮名で書くことが多い。これは信仰生活の具体的な目標を教祖が通られた生活の歩みの中に見つめ、それを手本として信仰の足どりを進めるように教えられたことに依る。

17 十全の守護
親神の十全の働き、即ち全知全能なる親神の守護、摂理を表現した言葉。

18 りゅうけ（立毛）
田畑等に生育する米、麦をはじめとする農作物のこと。「おふでさき」等では「りうけ」「りうけい」「りゅけ」とも表記されているが、一般には「たちけ」或いは「たちげ」という。

19 よろづよ八首
「よろづよのせかい一れつみはらせど」に始まる八首のお歌。「序歌」とも「八社様」とも呼ばれた。「みかぐらうた」を五つの部分に分けるとき、第四節と呼ばれるもので、明治二年（一八六九）に書かれた「おふでさき」第一号の冒頭から八番の歌までの八首を、明治三年に「つとめ」の地歌とされたものである。

20 席

席とは一般に決められた座り処、敷物を敷いて座る所を言うが、天理教では一、別席のこと。二、飯降伊蔵のこと。別席は別に設けられた席で、定められた神様の話を九度聞いて、十度目即ち本席に於て「さづけの理」を戴く。飯降伊蔵は本席に於て「さづけの理」を渡す人であるから本席、或いは敬語をつけて本席さまと呼ばれ、また「席」とも呼ばれた。

21 いきてをどり

息。「おふでさき」では「いきのさづけ」のこと。「いきてをどり」のように「いきのさづけ」と「てをどりのさづけ」の二つを挙げて「さづけ」を代表する。

22 たんのう

「たんのう」とは「足納」であり、満足の思いを心に納めることを言う。また自分が置かれている状況をまるごと受け入れる心であり、親神の親心を信ずるが故に絶対肯定の立場である。特に願わしからざる状況、否定的契機に遭遇した時の心の治め方で、今ある親神の守護を喜ぶことであり、この守護を見つめ、喜ぶところに、ならぬ中、つらい事態も通り抜くことが出来、己が苦労することから人救けの上で苦労する道を求めていくとき、苦労が苦労でなくなり勇むことが出来るようになり、運命は切り換えられて行く。

23

十柱の神

「おふでさき」「こふ（う）き本」の中に出てくる十神名のこと。「くにとこたちのみこと」「をもたりのみこと」「くにさづちのみこと」「月よみのみこと」「くもよみのみこと」「たいしょく天のみこと」「をふとのべのみこと」「いざなぎのみこと」「いざなみのみこと」

これはあくまでも神名であって、必ずしも十神の実在を示唆したものではなく、十柱の神の教説は親神天理王命の全能の働き、余すところない守護を分析的に十種の原理的な相をもって明示し、それぞれに神名を配して説明したものである。それは人間の身体的活動をはじめ、世界のあらゆる現象を、その具体相に即して、一つ一つの親神の恵み、守護、それを感謝して生きることを促された教説であると言える。従って当初より「親神天理王命」に帰一する信仰だけがあって、十神に対する信仰の実態は存在していない。

24

出直し

天理教では一般に死を出直しという言葉で表しているが、出直しには最初から新しくやり直すという意味が含まれている。死がこの世での生の終結を意味するのに対して、出直しは再び生命を得る為に新しく再出発するという意味を持つ。
出直しとは親神からの「かりもの」である身体を親神に返すことで、古い着物を脱いで新しい着物に着かえるようなものと教えられているように、親神の守護によって人間は心にふさわしい身体を借りてまたこの世に出直して帰って来る。出直しを単なる生の繰り返しとしてではなく、陽気ぐらし世界を目指しての生死発展の過程の一つの重要な契機として捉えることができる。

25

ひのきしん

天理教信者の積極的な神恩報謝の行為を、全て「ひのきしん」という。漢字をあてれば「日の寄進」であり、日々親神に寄進するという意味を持つ。「ひのきしん」は天理教信仰の行動化された姿そのものであり、天理教草創期からの歴史と伝統をもって、今なお積極的な地域活動として活発に推進されている。地域社会に対する「ひのきしん」は、天理教信仰に基づく「たすけあい」の実践活動として、一般公共施設、即ち公園、病院、福祉施設等、常時の継続的な奉仕活動は着実に浸透し、特に近年福祉社会へと向う社会的ニーズの増大によって、広く社会から評価されている。

26

一手一つ

一般に「いって」という場合「いってに引き受ける」などと用いるが、天理教では「一手一つ」という場合、幾人かの人がばら〱の心や別々の行動をとるのではなく、真底一つ心になること。また一つ行動をとることをいう。それには道の理に心を合わせ、互いに立て合いたすけ会うことが基本となる。

27
道具衆
親神の道具衆と教祖の道具衆の二様に使用している。
一、親神の道具衆とは、親神が人間創造の時に寄せて使われた―うを・み・かめ・しゃち・うなぎ・かれい・ふぐ・くろぐつな―をいい、それぞれに―いざなぎ・いざなみ・くにさづち・月よみ・くもよみ・かしこね・たいしょく天・をふとのべ―の神名が与えられた。うをとみは雛型と言って、これよりはずすことがある。
二、教祖の道具衆とは、親神の人間世界創造の目的である陽気ぐらし世界実現の為、救済活動に挺身する人をいう。「教祖の手足となって働く道具衆」と使用され、よふぼく（ようぼく）と同義に考えられている。

28
おかきさげ（お書き下げ）
本席飯降伊蔵を通してのお指図を筆記したものは、書き下げ（かきさげ）と言われ、このうち筆録の信頼性が高いものが「おさしづ」原典に集録されている。この「書き下げ」に敬称の「お」をつけた「お書き下げ」という言葉は、現在では一般的意味の書き下げを指すのではなく、「おさづけ」

を頂いた後「仮席」（かりせき）に於て渡される書き物を指して用いているのが普通である。おかきさげで教えられているのは、おさづけを頂き、それぐ〳〵の郷里に戻って布教伝道する人への心得であり、特にその中で、日常生活を誠の心をもって通ることが親神の自由（じゅうよう、自由自在）の働きを頂くもとであることを強調され、更に、家業（生業）を大事に、親に孝心を尽すよう諭されている。

29

ろく地

「ろく」は陸の呉音で「ろくじ（陸地）」などと同じく平らなさまをいい、地面などが平らなこと、平坦なことで、「おさしづ」の用語として使われている。

田中健三（たなか　けんぞう）

1937 年　東京に生まれる
1962 年　慶応義塾大学文学部卒業
1965 年　いちれつ会派遣留学生としてパリ大学・ソルボンヌ「フランス文明講座」聴講
1967 年　「憩いの家」第 2 次医療班のスタッフ・通訳として、コンゴ・ブラザビルに出向
1968 年　パリ大学・ソルボンヌ「I.P.F.E」中級資格取得
1970 年　教会本部パリ出張所（現ヨーロッパ出張所）設立に寄与
1971 年　天理日仏文化協会設立・副会長。「天理日本学校」開校
1975 年　フランスでの任を終え、妻・長男とともに帰国
1983 年　海外布教伝道部・ヨーロッパ委員会委員
1988 年　天理教本荘大教会長。東京教区主事
1992 年　東京教区 21 世紀委員会・委員長

主な著書　「明日への誘い」（善本社刊）

明日への架け橋

平成二十四年三月二十日　初版発行

著者　田中健三
発行者　手塚容子
印刷所　善本社事業部

東京都千代田区神田神保町二-一四-一〇三
発行所　株式会社　善本社
〒101-0051　電話　〇三-五二一三-四八三七
FAX　〇三-五二一三-四八三八

ISBN978-4-7939-0457-8 C0014